OKR 你用对了吗？

打破KPI僵化思维、激活个体的实战指南

陈镭 著

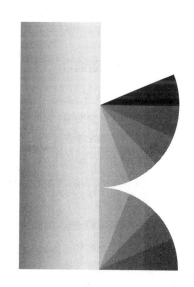
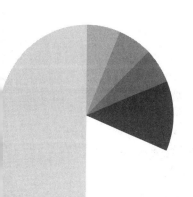

机械工业出版社
CHINA MACHINE PRESS

传统绩效考核因为种种原因造成员工的潜力不能被充分激发，企业目标难以实现，因此绩效考核方式逐渐向 OKR（Objectives and Key Results，目标与关键成果法）过渡。OKR 成为近几年各大中小型企业都在学习并且相继实施的创新的目标管理方法。

但无论是巨无霸式的万人上市公司还是只有几十人的创业企业，在实施 OKR 时都会面临一些共同问题：如何将目标制定明确、如何有效分解目标、如何将目标设定得具有挑战性、如何不受 KPI 思维的影响、如何与绩效考核兼顾等，这些问题如不能给予有效厘清和指导，会导致 OKR 在实施中偏离初心。本书试图为 OKR 在实施中遇到的这些问题提供解决方法。

本书遵循先有清晰的公司愿景和战略，再制定公司目标，再不断细分到个人目标这一逻辑来安排章节，内容包括目标的设置，目标的有效分解，OKR 的实施，以及各层管理者领导团队、做内外有效沟通，并激励和考核个体的方法。书中特别介绍了 OKR 与 KPI 的区别和联系，不同管理工具的结合使用，以及中国本土公司的 OKR 实战案例。

图书在版编目（CIP）数据

OKR 你用对了吗？：打破 KPI 僵化思维、激活个体的实战指南 / 陈镭著. — 北京：机械工业出版社，2019.6（2020.4 重印）

ISBN 978-7-111-63009-8

Ⅰ.①O… Ⅱ.①陈… Ⅲ.①企业管理-指南 Ⅳ.①F272-62

中国版本图书馆 CIP 数据核字（2019）第 117039 号

机械工业出版社（北京市百万庄大街 22 号　邮政编码 100037）
策划编辑：刘　洁　　责任编辑：刘　洁
责任校对：郭明磊　　责任印制：孙　炜
保定市中画美凯印刷有限公司印刷

2020 年 4 月第 1 版第 2 次印刷
170mm×240mm・16 印张・2 插页・225 千字
标准书号：ISBN 978-7-111-63009-8
定价：59.90 元

电话服务　　　　　　　　　　网络服务
客服电话：010-88361066　　　机 工 官 网：www.cmpbook.com
　　　　　010-88379833　　　机 工 官 博：weibo.com/cmp1952
　　　　　010-68326294　　　金 书 网：www.golden-book.com
封底无防伪标均为盗版　　　　机工教育服务网：www.cmpedu.com

推荐序一　一位身体力行的践行者

——写在《OKR 你用对了吗？打破 KPI 僵化思维、激活个体的实战指南》出版之际

一个春天的上午，陈镭老师依约来到中国管理科学学会人力资源管理专业委员会，这是我们第一次相见。

陈镭老师温文尔雅，将他所从事的工作娓娓道来，充满感性和理性的思维，给人留下良好的印象，那以后我们经常交流。

今年国庆节后，陈镭老师邀请我为他即将出版的新书写个序或推荐语，我非常高兴地接受了邀请，为本书写推荐语。

巧合的是 2018 年 11 月 15 日，由中国管理科学学会人力资源管理专业委员会主办、上海五加一培训机构承办、雍信书院协办的"不辩不明、争鸣鉴真"学术研讨系列 2 之"绩效考核与 OKR、KPI 实操误区"研讨会在上海举行，陈镭老师是此次研讨会的正方主辩嘉宾。陈镭老师多年来成功地培训和辅导了国内科技创业企业、Saas 企业、大型传统企业等 30 多家不同类型企业的 OKR 目标设置和实施工作，积累了丰富的实践经验，也取得了一定的效果。

OKR 是源自于西方管理的一个工具，要适应中国企业的管理运用，需要在不断的实践中去检验，并在实践中予以调整，以适合在本土企业生长，成为有效的管理工具。

陈镭老师力挺OKR，是源自于其自身的践行，并在践行中不盲目地使用西方管理工具，在践行中不断根据自身的实践，调整OKR的一些微小元素，使其能够在本土企业落地并指导管理实践，让目标击穿到个人，由此激活个体创新突破，为组织提高效率，解决目标分解难以落地的问题。

因此，《OKR你用对了吗？打破KPI僵化思维、激活个体的实战指南》值得一读，无论是对已经在运用OKR的管理者，还是正在准备尝试运用OKR的管理者，或者是对OKR尚不了解的管理者，都有一定的帮助，能起到一定的践行指导意义。

彭敏智

中国管理科学学会人力资源管理

专业委员会主任委员兼秘书长

2018年12月3日于香港

推荐序二　数字人才管理，驱动组织发展

因为工作的关系，我每年都会走访超过100家大型企业，在与人力资源高管的交流过程中，深切地感受到大家普遍的焦虑和困惑：人力资源管理该采用何种行之有效的方法和工具，以推动企业的组织目标与个人目标的紧密契合和有序推进？同时，通过什么样的手段驱动组织更加的透明化和高效协作以快速响应持续变革的商业环境？这种焦虑和困惑在处于转型期的大型企业和快速发展的成长型企业表现得尤为突出。

在北京大学和北京师范大学的课堂上，我也经常被问到类似的问题：土井利忠（笔名为天外伺朗）发表的《绩效主义毁了索尼》是否意味着要取消绩效考核？通用电气（GE）、德勤（Deloitte）以及埃森哲（Accenture）这些大型的知名跨国企业公开高调宣布要放弃无效的年度绩效考核，是否意味着传统的绩效管理方式过时了？

企业人力资源管理实践者面临的挑战和问题的实质是，现代企业组织在经营管理过程中商业模式创新、管理变革、快速响应市场、客户满意度提升、员工敬业度强化、组织持续激活等要求，如何在企业经营管理中更加以目标驱动和越发透明协作，是企业经营管理者高度关注的话题。

从全球企业管理实践看，过去的20年是全球经济高速发展的黄金时期，同时也是围绕互联网的数字技术突飞猛进并且不断改变人们的生活环境、企业的经营管理方式的快速变革时期。伴随着数字化浪潮，全球经营的世界500强企业，包括中国本土走出去的众多知名企业，均在不断地探索新的人才管理模式，

尤其是新的目标绩效管理方法。

谷歌（Google）在过去二十年践行了 OKR 方法，在组织高度协作、管理高度透明等方面取得了卓越的成效，国内企业也纷纷效仿，试图借鉴谷歌的实践，推动自身组织的发展和管理的变革。

但是受限于不同的经济环境和管理基础，大多数中国企业在实际操作过程中并不能够彻底地解读其精髓，甚至将 OKR 简单地解读为新的绩效考核工具，生搬硬套地取代原有的绩效管理方式，并期望其能够快速见效。这样的做法极其容易在工具层面削足适履，甚至适得其反，以至于有种极端的观点认为 OKR 不适合中国企业。

OKR 究竟是什么？OKR 又不是什么？OKR 与绩效考核到底是何种关系？OKR 怎么在中国企业落地？该不该引入？在何种时机以何种方式引入？中国企业推行 OKR 需要具备什么样的条件？有没有相对成熟的、易操作的工具能够快速推进 OKR……这些问题成为困扰人力资源管理者的现实问题。因此人力资源管理者和实践者急需一种面向务实操作的工具指南，帮助解读 OKR 的精髓，帮助大家更快速、更有效地将 OKR 落地。

陈镭先生的《OKR 你用对了吗？打破 KPI 僵化思维、激活个体的实战指南》很好地回答了上述问题，在该书中，我们欣喜地看到，诸如"放开被 KPI 固化的思想""OKR 不是绩效工具""紧盯目标而不是结果"等关键观点回答了 OKR 的思想精髓和在企业实践中的定位；"组织的目标分解要击穿""个人目标与组织目标要形成齿轮咬合"等务实的操作原则和指南，一语道破了 OKR 在实际操作过程中需要遵循的原则。这些均为人力资源管理者操作 OKR 落地提供了可以借鉴的、切实可行的、务实具体的操作细则。

通读陈镭先生的著述，有两点让我颇受感动：一是用平实的语言甚至是大白话将复杂深奥的理论体系阐释清楚；二是将实际操作过程中的困难点、各种环境因素等阐述得非常详细。这两点完全是立足于人力资源管理者的角度去思考和解决问题，无论是希望深入了解OKR精髓的人才管理研究者，还是希望科学有效、务实实施OKR的人力资源管理者，本书都是不可多得的理论性和操作性相结合的、可读性极强的宝贵资料。

在数字化、智能化的新时代，越来越多的企业将人才管理上升为组织发展和持续创新的核心，同时不少企业也围绕"持续绩效"的管理理念，弱化传统绩效管理的考核属性，强化新时代目标管理的持续反馈价值，将人力资源管理提升至数字人才管理的层次，围绕目标绩效、人才盘点、继任管理、职业生涯规划、招聘与测评、学习与发展和劳动力分析与规划等，系统提升数字化时代人才管理对企业数字化转型和生产经营管理模式的创新。

衷心祝愿本书能够帮助更多的人力资源管理者解其味、食其髓，帮助更多的中国企业在数字化时代更好地强化人才管理，并通过不断强化的人才管理实践推动组织的激活和人才的持续发展。

张月强

用友网络科技股份有限公司副总裁、

北京大学"人力资源管理"课程讲师、

北京师范大学硕士研究生导师

推荐序三　革故鼎新，与时代共舞

众所周知，OKR理念来自于德鲁克的目标管理，从1999年约翰·杜尔（John Doerr）将OKR引入谷歌，到2016年OKR开始成为中国企业界的关注热点，国内管理界也经历了在模糊中探寻、在探寻中不断加深认知的过程。陈镭先生作为国内最早一批OKR的布道者，其上一本专著《目标与关键成果法：盛行于硅谷创新公司的目标管理方法》为中国广大愿意革故鼎新、拥抱变革的管理者指引了方向。这一次，陈镭先生又带来了《OKR你用对了吗？打破KPI僵化思维、激活个体的实战指南》一书，这本书可以说是上一本书的强化升级版，也是基于他近年来积淀的OKR培训与咨询实战经验，对OKR实施中遇到的各类问题"开方下药"，系统诊断，对于正在勇于尝试绩效变革的先锋，可以说是一大福音。

OKR是一种聚焦核心工作，持续跟踪反馈，保持组织目标与个人目标上下一致的目标管理方法。经过对OKR从0到1的认识，更多的中国企业管理者已经不再纠结要OKR还是KPI，实施了OKR还要不要考核打分、强制分布等问题，对OKR的认知更加理性、深入。我们正处在一个变化即常态的大环境下，需要更敏捷地响应企业外部变化及组织发展的需要，快速调整组织战略目标和团队目标，并及时落实到员工的目标与行动上，实现战略解码。目标的对齐能让整个公司步调一致，目标的过程管理能够让员工把精力放在如何实现目标和如何能做得更好上面来，对于需要更快速奔跑的企业来说尤其关键。

实施OKR，不只是一个工具和方法的导入，还是对企业中基层领导力和教练技术的考验，对组织文化和管理DNA的考验。以往直接派任务、以结果为导向的绩效管理模式已经不能适应VUCA（不稳定、不确定、复杂、模糊）时代的要求，企业中基层管理者更需要思考的是如何激励员工，与员工一起设定清晰、明确且具有挑战性的OKR，同时在执行过程中敏捷响应内外部变化，快速给予员工反馈，为员工持续赋能，最终达到企业与员工共同成长。关于如何用OKR实现激励，在陈镭先生的书中已有详尽介绍。

作为一家人力资源科技公司，北森一直致力于为中国企业提供一体化人才管理平台与技术，作为最早在国内提出敏捷绩效理念的企业，北森从2015年起就开始提供敏捷绩效管理系统，几年来已经助力众多中国企业实现OKR管理模式的转型，促进了企业中基层领导力的提高，同时在考核评估、结果应用、数据分析等方面为企业提供了有效支撑。

在绩效变革的道路上，我们不要做循规蹈矩的保守派，而要做勇往直前的开拓者，与时俱进，拥抱变化。感谢陈镭先生对推动中国企业在OKR实践变革道路上所做的贡献，相信更多的企业管理者会从本书中获得启发，跨过OKR实施的误区，更顺畅地开启绩效变革之路。

纪伟国

北森云计算联合创始人&CEO

推荐序四　引入OKR时遇到的困惑

作为一名技术研发的管理者,我一直在项目管理和职能管理之间转换,或者在其混合中感到迷茫,偶然中了解了OKR并将其引入到管理中,但碰到了诸多问题。例如,如何让目标在保持野心的情况下更容易被接受,如何做到公开透明又符合公司的保密等规则;如何将OKR与正在执行的KPI考核结合起来,而不是相互独立,增加大家的工作量;如何从仅关注目标过渡到关注目标的同时关注过程;如何在执行过程中根据市场和产业技术发展情况不断调整目标及关键结果设定;如何做好激励进而更好地促进OKR执行。这些都是我们在引入OKR时遇到并且感到困惑的问题。陈镭老师的《OKR你用对了吗?打破KPI僵化思维、激活个体的实战指南》为我提供了解开困惑之锁的钥匙,从实际应用的角度浅显易懂地讲述了应用OKR过程中需要注意的问题和解决的方法。

《OKR你用对了吗?打破KPI僵化思维、激活个体的实战指南》对于初次接触并渴望尽快应用该管理工具的人来说是比较适合的书籍,它可以一步一步地引导你完成OKR的执行,将基本原则融入每个步骤的推进执行进程中;同时它也更适合中国管理模式的企业在进行管理变革时参考使用,让习惯了KPI的企业可以以较小的阻力推行OKR。书中对每个执行步骤都介绍了相关工具或活动设置,像操作手册一样,能指导你完善创新管理方法,实现更有野心的未来目标。

王大巍

京东方科技集团副总裁

推荐序五　解决驱动企业高效运转的关键问题

相信任何一个企业都遇到过经营增长的发展瓶颈。如何激励不同的团队一起工作，全力以赴去实现一个有挑战性的目标？如何从战略出发，明确目标，在最短的周期内聚焦关键成果并付诸必要的行动，将组织目标分解到部门和个人，并且针对责任目标与行动方案达成共识？解决这个问题是驱动企业高效运转的关键所在。

2018年，北控水务集团西部大区贵州业务区（简称贵州业务区）作为OKR试点区域，开始尝试探索OKR管理工具。OKR的引入，旨在帮助一线业务产出单位能快速识别集团战略的优先工作事项，承接集团战略，培育团队的目标导向、结果意识，加强跨部门协作，适应高速的市场环境变化以及识别出高绩效员工。

2018年4月，贵州业务区有幸请到陈镭老师进行OKR培训，陈老师对认识OKR、创建有效的OKR、如何有效实施OKR、OKR执行过程中的难点、如何在不与奖金关联的情况下激励员工等方面进行深入浅出的讲解，让我们全方位了解了OKR及其实施流程，学会了如何通过OKR保持员工个人目标与组织目标对齐，如何实施聚焦、赋能、穿透，如何实现上下对齐、左右同步，从而最终实现组织的战略目标达成。

感谢陈老师将贵州业务区的OKR探索成果作为案例在此书中分享。自贵州业务区2018年4月推行OKR至今，我们取得了一些阶段性成果，同时也经历了兴奋、困惑、反思和顿悟的心理历程。本书采用了理论与案例相结合的编写方式，便于读者理解，为企业的大小目标管理提供了管理理论与实操技术指导，希望大家在此书中渐渐体会OKR管理带来的奥妙。

于立国

北控水务集团高级副总裁、中国生态环境产教联盟理事长、北控水务学院院长

自　序

我每次讲课时，都会提到目前的企业家普遍面临的三种挑战（见图1）：

一是，方向看不清：企业未来向哪里发展，面对以互联网、云计算、大数据、物联网、区块链和人工智能为代表的数字技术已成为第四次产业革命的重要驱动因素，企业如何转型升级，面对资本市场，如何让企业获得资本的青睐，变得更加"性感"。未来什么样的企业更具有价值？**面对未来的不确定性，纵观几百年的工业史，不难发现，那些能够拥抱变化、持续创新的企业，才能得到持续的发展。就当前国内经济发展的趋势：由大数据、区块链、人工智能、5G（第五代移动通信网络）应用等新技术引发的产业革命，才有可能引领未来的经济增长。**那如何结合这些科技并转型成功，就是企业战略层面要解决的问题。

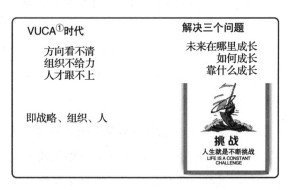

图1　企业家普遍面临的三种挑战

① VUCA，即 Volatile、Uncertain、Complex、Ambiguous，不稳定、不确定、复杂、模糊。

二是，组织不给力：我们现有的组织模式，都还是科层制的架构体系，横向的"部门墙"，纵向的"隔热层"，造成组织内部的大量内耗，严重影响组织的运作效率，形成大量的隐性成本消费。横向的"部门墙"和纵向的"隔热层"，将企业分成了若干"小方格"。"小方格怪象"让企业呈现出"大企业病"，效率低下、内耗严重。请注意，"大企业病"并不一定只有大企业有，越来越多体量不大的小企业也开始提前出现了"大企业病"，因为科层制也是它们的底层组织架构逻辑。未来生态型组织的主流形态可能就是大平台＋小前端㊀，企业平台化，自组织，自管理，为各类通过自组织方式形成的小前端提供生长和创造价值的环境。

三是，人才跟不上：招不到人才，留不住优秀的人才，这是目前绝大多数企业的痛点。相比前面两个挑战来说，这个要更痛，因为这是在当下，时刻都在面临的挑战。困扰企业家的是，为什么优秀的人才留不住，加薪也留不住，给期权了还是要走？这正反映了激励措施太单一。

企业未来的发展方向是战略，也是道的层面，企业家自己清楚，别人成功的经验未必适合自己，什么才是自己企业的发展方向？关键是企业要找到第二曲线㊁，突破线性思维。如果找到了，企业就破茧重生；如果没找到，企业至少还要努力将第一曲线尽可能地延长、拉伸。而组织架构的调整，取决于商业模式和业务流程的变化，如果前端不变，中后台的调整只是空转，只会变得更乱。

而对人才的激励，虽然只是术的层面，但却是底层的核心。就像人体的细

㊀ 大平台＋小前端 C2B（Customer to Business，消费者到企业）模式的核心，是通过聚合为数庞大的用户形成一个强大的采购集团，以此来改变 B2C 模式中用户一对一出价的弱势地位，使之享受到以大批发商的价格买单件商品的利益。前端强大，特别需要功能越来越强大的后台支撑，才不会导致资源重复和浪费，并且获取资源的成本最低。

㊁ 第二曲线是指企业的第二条**增长曲线**。贝索斯的亚马逊从线上零售再到云服务这种跨越就是第二曲线；阿里巴巴从淘宝到支付宝再到阿里云，一直在不断地发展自己的第二曲线；腾讯从 PC 时代的 QQ 到移动互联网时代的微信，也是发展自己的第二曲线。

胞一样，生病就是因为人体受到病毒或细菌的入侵，当人体抵抗不过时，脏器中的细胞受损，脏器功能受到影响，导致生病。企业的人才，就像是企业中的细胞，一旦出现病症如人才招不到、人才留不住、士气低迷、无人可用时，就说明企业内部的造血机制出了问题，就不能向其他系统输送健康的细胞，慢慢就造成其他系统的功能降低，活力下降，代谢不足，从有序走向无序的混乱，即熵增。

彼得·德鲁克曾说过："管理要做的只有一件事情，就是如何对抗熵增。在这个过程中，企业的生命力才会增加，而不是默默走向死亡。"由此可以看出，管理其实就是管理人，激励人。

熵是一个物理学概念。在物理学中，"熵"指的是一个系统混乱的程度，或者说是无序程度的度量。一个系统越无序，熵的值就越大；越有序，熵的值就越小。**当熵达到最大值的时候，这个系统就会出现严重混乱无序，最后走向死亡。而热力学第二定律告诉我们：一个封闭系统内部，事物总是从有序趋向于无序的，因此熵的值一定是增加的。这就是所谓的熵增定律。**

对于"95后""00后"的职场新人而言，他们的需求是直接跨越生理、安全、情感而进入到尊重甚至自我实现的需求中的，他们等不起被公司核心层考察、接纳，他们也不畏惧权贵，也不想费时间去迎合，**只做自己想做的事，做有意义的事。**OKR的3+2模式正好可以满足他们的需求。3代表下级的O[一]中，有3个是来自于其上级的KR[二]，将上级的KR作为下级的O，可以层层分解组织的O，从而将目标分解串成一个有内在逻辑关系的链条。而2代表着另外2个O，是可以由下级自己提出的O。因此3+2模式，正好可以让他们的"力比多"有合适的释放之地，他们做自己想做的事，就会有非常好的尊重需求被满

[一] O代表Objectives，可以理解为目标。

[二] KR代表Key Results，是关键成果的意思。

足的感觉。

OKR 是战略与战术的结合，只有激活个体，才能让组织充满活力。当企业家拥有一支有理想、有活力、想干事的团队后，未来就在脚下。

我的理想是，建立起一个"OKR + KPA"流派，帮助企业打通任督二脉，有效解决企业目标聚焦、绩效、薪酬、激励问题，提升管理效率，激发出更大的创造力。从机制入手，让员工自动自发地工作，不是因为钱，而是追求有野心的目标，获得自我实现的最大满足。通过激励，让员工由雇用的心态转为合伙人创业的心态。心顺了，人活了，有目标，事成了。我的上一本专著《目标与关键成果法：盛行于硅谷创新公司的目标管理方法》，写的是 OKR 的招式和章法，**而这本书，就像是写武功的内功心法，知行合一，道术兼修。去做事、做对事、做成事，才能成为真正的高手。**

我们正处在一个 VUCA（Volatile、Uncertain、Complex、Ambiguous，不稳定、不确定、复杂、模糊）的时代，传统的 KPI（关键绩效指标）/BSC（平衡计分卡）的线性思维不能适应未来的变化了，正如《启示录：打造用户喜爱的产品》一书的作者马蒂·卡根（Marty Cagan）所说，他们都在用 OKR，我这里斗胆说一句，目前也只有 OKR 了。**因此我们继续在路上，希望引领 OKR 走进越来越多的企业，帮助中国企业家，用创新思维引领未来，同时也用 OKR 来突破自己，超越自我，一起前行。在路上，栉风沐雨，心在远方，只需前行，有多远，走多远。既然选择了远方，便只顾风雨兼程。加油！**

最后我要将此书献给我的女儿陈元玺、太太黄静和我的父母。一直爱你们！

陈　镭
2019 年 4 月 10 日

前言　OKR在中国企业实践的现状

OKR自这几年在国内开始逐渐升温，很多企业开始尝试了解、应用OKR，最直接的原因是，现在的KPI已经越来越不好用了，无论是考核还是激励，企业都缺乏有效的工具，而OKR作为一个新的工具，正在不断地刷屏，从京东、当当的OKR图书销售，到OKR微课都可看出。于是OKR也引起企业家和HR的关注，逐渐开始受到IT（信息技术）产业从业者及海外投资人的追捧，开始流行起来。

OKR在Google运用了近20年，从Intel发明至今也有40年了，而引入中国不过最近几年，因此就形成了OKR的代差。而目前国内很多企业，在引入OKR时，忽略了这点，造成"水土不服"。国内一些企业在践行OKR时，公司高层往往在看过一些视频、微课、OKR的书后，觉得不错，通过自己的学习总结，就开始在公司内部推行，用OKR进行绩效考核，这其中不乏一些知名的企业，但企业在运行了一段时间后，就发现不顺，然后再找专家来辅导。

经常有读者朋友找我，因为他们公司已在推行OKR，实施一段时间后，出现一些问题，向我请教该如何解决。这些问题，归纳起来主要有以下几点：

- 如何才能让大家有兴趣、主动填写各自的OKR
- 当员工遇到临时而又紧急的任务时，是调整KR还是调整他的O
- KR的分数应该如何评？是以完成情况作为评分依据吗
- 员工因为不满主管对他的OKR评分而发生争执，该如何处理
- 有了OKR还要不要KPI
- 如何才能设定有挑战的O
- OKR没有奖金怎么能调动员工积极性

- 领导 KPI 的思维太严重，如何改变
- 将 OKR 当作替代 KPI 的绩效工具
- OKR 有什么软件可以用
- 上级根据进度来评分，这个进度怎么来确定，是由上级自己评吗

这些问题的本身，已超出了 OKR 的设计，也就是说 OKR 的概念是有了，但整个思想却还固化在原先的思维中。体现在 KPI 的惯性思维中，具有很深的绩效考核的情结。目前市面上关于 OKR 的书，对于什么是 OKR 及 OKR 的特点，都讲到了，但出现以上这些问题的企业，依然还是有很多，这说明了在导入 OKR 的过程中，没有进行思想上的宣导，让每个人都充分地认识 OKR 与 KPI 的不同，为什么不同，这样的不同会给我们的企业带来什么样的改变，而这种改变需要在整个执行的过程中，要注意哪些方面，如何处理出现的问题。作为公司高层要坚定信念，将 OKR 的思想贯彻到底，同时也要清楚地认识到，任何一项变革，都不是一蹴而就的。

OKR 越来越受到国内企业的关注，作为一项变革，企业需要推动从上到下的思想观念转变，不能只就 OKR 而 OKR，只有建立起系统性思考，通过 OKR 的导入，改良企业目前的氛围；通过有效的手段激发出个体的活力，才能将 OKR 化目标为行动，产生出极大的活力。

另外还有一些问题，是读者没有问到的，但在我的培训和辅导中，已然发现很多企业会有着相似的盲区，而这些盲区就像一个个坑，很容易让企业在实施 OKR 时掉下去，如：

- 目标只分解到第三层，依然不聚焦
- 公司目标到个人目标是断层，没有击穿
- KR 的高度不够，无法支撑到 O 的实现
- O 的设定太多与业绩挂钩，不能支撑全局等

这些盲区以及在实践中出现的以上问题，让我有了写这本书的意愿。本书试图将 OKR 在企业执行中遇到的这些挑战进行一一解读，并遵循这样一条脉络：先有清晰的公司愿景和战略，再制定出公司目标，公司目标需要不断细分

最终到个人，因此需要配套不同的工具和方法。本书在附录中列出了OKR的实用表格。

本书主要内容如下。

第1章"什么样的环境能让OKR发挥应有的作用"：介绍了企业在实施OKR时，面临着诸多的挑战，以及被固化的KPI思维束缚了思想，需要为OKR营造出特有的氛围。本章适合初学者系统全面了解OKR实施所需要的环境。

第2章"战略引导的目标设置及目标分解"：主要介绍了目标设定的背后是需要战略支撑的，以及在目标分解过程中一直存在的误区和目标没有落地的困惑，适合对OKR有概念，但在目标设定时存在困惑的读者。

第3章"关键结果的可挑战性"：OKR在实施过程中，KR是实现O的方法论、路径和工具，要实现有野心、有挑战的O，不能依靠之前的成功路径，因为重复过去，实现不了有挑战的O，所以一定要创新。本章适合在引入OKR的实践过程中，当制定KR时始终摆脱不了KPI的模式，需要重新认识KR的创新性的读者。

第4章"如何用OKR激励个体"：通过设定远大的目标，做自己想做的事情，这样才能真正驱动有想法、有干劲的人实现自我，而不是只依靠薪金。本章适合一直以来用薪金激励员工，但收效甚微的读者。

第5章"OKR与绩效考核的冲突"：OKR与绩效考核这两者在理念上和实践中都是有冲突的，OKR是为了实现目标，而绩效考核是为了结果产出，不一样的思维，决定了不同的方式。本章适合企业高管和HR阅读，可以帮助厘清KPI与OKR的区别。

第6章"OKR与绩效考核的并存"：这是现阶段的中国特色，由于OKR是追求有野心、有挑战的目标，因此一些日常的、流程化的工作不属于OKR的范畴，但没有对这些日常工作的绩效考核，只顾着远大的目标，就很容易因小的失误而造成巨大的失误，不能有效支撑 O 的实现。本章适合企业高管和 HR 阅读，解决其选什么留什么的困惑，OKR 与 KPI 是可以兼容的。

第 7 章以北控水务集团西部大区贵州业务区为例，介绍一个完整的 OKR 执行过程。

笔者在 2017 年 8 月出版的《目标与关键成果法：盛行于硅谷创新公司的目标管理方法》一书中，介绍了 OKR 的前世今生，OKR 的特点，O 和 KR 的关系，以及如何应用的原则，是一本比较全面的介绍 OKR 的书，适合需要对 OKR 进行全面了解和初步应用的读者。读者也可以根据本书附录 D 里的学习 OKR 进阶表来阅读适合的书籍。

目 录

推荐序一 一位身体力行的践行者——写在《OKR你用对了吗？打破KPI僵化思维、激活个体的实战指南》出版之际

推荐序二 数字人才管理，驱动组织发展

推荐序三 革故鼎新，与时代共舞

推荐序四 引入OKR时遇到的困惑

推荐序五 解决驱动企业高效运转的关键问题

自 序

前 言 OKR在中国企业实践的现状

第1章 什么样的环境能让OKR发挥应有的作用　001

1.1 组织面临的环境，回归OKR的初心：OKR是目标管理利器 / 001

1.2 OKR在实施时的挑战 / 005

- 1.2.1 战略目标缺失、目标分解不细、OKR没有透明化 / 009
- 1.2.2 关键结果的可挑战性不足、没有随进程及时更新 / 011
- 1.2.3 不知如何用OKR激励个体、设计激励方式 / 012
- 1.2.4 OKR与绩效考核的理念和实操冲突 / 013
- 1.2.5 OKR如何与绩效考核并行实施 / 016

1.3 放开被KPI固化的思想 / 017

- 1.3.1 不能将OKR当KPI用 / 018
- 1.3.2 不能以量化作为衡量结果 / 019
- 1.3.3 防止将OKR分数用于奖金分配 / 021

1.4 转变只求结果不关注过程的观念 / 022

- 1.4.1 执行周跟踪 / 024
- 1.4.2 执行月总结 / 025
- 1.4.3 进行季度评审和员工大会 / 026
- 1.4.4 过程要沟通 / 027

1.5 建立系统性思考、全程要透明 / 029

    1.5.1 OKR 与外界变化产生联动 / 029

    1.5.2 部门间积极响应变化 / 030

    1.5.3 OKR 不涉及核心技术，应全程透明 / 031

第 2 章　战略引导的目标设置及目标分解　　033

2.1 战略目标设定 / 034

    2.1.1 战略工具的选择 / 034

    2.1.2 产业政策研究 / 042

    2.1.3 宏观政策分析 / 043

    2.1.4 产融结合 / 045

2.2 从战略落实到目标，需做到这几件事 / 047

    2.2.1 应该由一个部门全程负责，从组织目标到部门目标再到个人目标设定 / 048

    2.2.2 战略规划部与人力资源部联合击穿目标 / 051

    2.2.3 将组织目标一直分解到底层部门 / 054

    2.2.4 防止部门目标自行分解，导致缺失整体性和系统性 / 056

    2.2.5 员工个人绩效应涉及组织目标，不能只有 KPI / 057

2.3 目标分解的 3 种思维误区 / 058

    2.3.1 目标分解的流程化思维 / 060

    2.3.2 目标分解的职能化思维 / 061

    2.3.3 目标分解的时间化思维 / 064

2.4 击穿组织的目标 / 066

    2.4.1 每个目标用金字塔原理分解到第六层 / 068

    2.4.2 目标设定要相互独立、完全穷举 / 071

    2.4.3 部门负责人承担本部门的目标 / 073

2.5 个人目标与组织目标要形成齿轮咬合 / 077

2.5.1　上级的关键结果是下级的目标 / 078
2.5.2　个人的目标要与组织目标有关联 / 080
2.5.3　个人的5个目标中要有2个是自己提出的 / 081

第3章　关键结果的可挑战性　　082

3.1　关键结果同样要有挑战性 / 082
　　3.1.1　突破常规 / 083
　　3.1.2　4个关键结果保持一致的挑战系数 / 086
3.2　紧盯目标而不是结果 / 087
　　3.2.1　关键结果要不断试错 / 088
　　3.2.2　要吸引而不是追逐 / 090
3.3　要及时修正关键结果 / 092
3.4　关键结果的调整要关联 / 093

第4章　如何用OKR激励个体　　095

4.1　如何让OKR有挑战性 / 095
　　4.1.1　目标设置的5项原则 / 096
　　4.1.2　平庸与卓越 / 098
　　4.1.3　通过OKR的设置激励人 / 101
4.2　如何激励个体 / 103
　　4.2.1　打破中层和基层的"等、靠、要"思想 / 105
　　4.2.2　做自己想要做的事情 / 110
　　4.2.3　突破自我限制 / 112
4.3　如何设计激励措施 / 114
　　4.3.1　选全场的MVP / 115
　　4.3.2　树立标杆 / 117
　　4.3.3　给予特别奖励 / 118

4.3.4 用合伙人制激励 / 119

第5章　OKR 与绩效考核的冲突　　123

5.1 两者在理念上的冲突 / 123

5.1.1 OKR 不是绩效工具 / 125

5.1.2 OKR 与绩效考核的理念不同 / 127

5.1.3 绩效考核在国内应用的不同模式 / 130

5.2 两者在实践中的冲突 / 132

5.2.1 如果都做有挑战性的目标，基础工作谁来盯 / 134

5.2.2 绩效是强制性的，OKR 是自动自发的 / 136

5.2.3 如何防止员工只做绩效考核的工作 / 138

第6章　OKR 与绩效考核的并存　　140

6.1 现阶段的国情需要绩效考核 / 141

6.1.1 绩效文化的沉淀有助于 OKR 的应用 / 142

6.1.2 高素质的职业经理人确保 OKR 不离初心 / 144

6.1.3 绩效奖金是薪酬的固定组成部分 / 148

6.2 KPA 可以让 OKR 与绩效考核并行 / 149

6.2.1 KPA 为什么可以与 OKR 完美结合 / 150

6.2.2 用 OKR 设置可挑战事件 / 154

6.2.3 用负面清单设置不可接受事件 / 165

6.2.4 用 KPI 设置日常事务事件 / 168

6.2.5 两种不同的 OKR 类型 / 173

第7章　案例：北控水务集团　　175

7.1 背景介绍 / 175

7.2 OKR 咨询 / 177

7.3 目标设定 / 178

7.4　各层级 OKR / 181

7.5　OKR 执行 / 187

7.6　总体评价 / 223

附　录

附录 A　OKR 考核模板 / 227

附录 B　OKR 目标管理评分表 / 228

附录 C　OKR 目标设定表 / 229

附录 D　学习 OKR 进阶表 / 231

第 1 章
什么样的环境能让 OKR 发挥应有的作用

目前绝大多数企业在制定目标时,还是沿袭 BSC(Balance Score Card,平衡计分卡)或 KPI(Key Performance Indicator,关键绩效指标)的思想,层层分解,并进行考核,很多企业的指标体系多年未曾变过,只对数值做了调整,但思路已僵化。而且以财务数据为导向的指标,正面临着巨大的挑战,因为在新经济形势下、新业态模式下、新发展思路下,财务数据已无法支撑整个公司的运营体系。在当前新经济形势下,企业考虑的是"如何与客户产生更多的黏性、降低获客成本、缩短试错的周期、快速推广"等等,而这些都是不确定的,也是无法用 KPI 指标来衡量的。

1.1 组织面临的环境,回归 OKR 的初心:
OKR 是目标管理利器

当今我们生活在不稳定、不确定、复杂、模糊的 VUCA 时代,可以说,VUCA 时代给我们带来了巨大的冲击。由于在过去很长一段时期内,环境是相对稳定并可预见的,因此企业通常运用已有的知识和经验就可以解决很多问题。把繁杂的问题进行细化分解,然后逐个解决,最后把所有的解决方法进行归纳总结,形成制度,甚至建设成一套流程体系,从而避免类似的问题,并以此为基础解决新的问题——这种处理方式在商业环境相对稳定并且可预测的工业时代非常奏效,只要严格执行并重复标准化的流程作业就可以获得成功。

但是，现在随着环境的快速变化，这种方式受到了巨大的冲击，曾经的巨头诺基亚、柯达、摩托罗拉……一个接一个地倒下，而上述企业恰恰是大家曾经竞相学习和模仿的标杆企业，完善的流程体系、规范的管理制度在VUCA时代已经不再是克敌制胜的法宝。前面所述的管理思想和工具，在这些巨头的倒塌之下，也变得不堪一击了。

我们日益发现，遵从过去的经验似乎越来越不能带来安全感，反而随着全球经济一体化和移动互联网的日益普及，外部环境的任何风吹草动都可能成为企业面临的暴风骤雨，企业自身的调整和变动也同样会影响产业链上下游、同行业企业，乃至带来整体环境的变化。

在这样复杂多变的外部环境下，企业的管理者面临巨大的压力和挑战，他们需要时刻紧绷着神经去迎接每天摆在面前的充满未知的诸多难题，而这些难题绝大多数已经超过了管理者原有的经验认知和能力的范围。而在企业内部，通常却有着这样一种不成文的规定，就是"谁决策谁负责"，这种特殊的文化使得下属在面对变化莫测的难题时，更多地选择逃避责任，将决策的难题推给管理者。于是，管理者不得不给出那些自己也不知道该如何处理的难题的处理方案。

KPI是工业时代的产物。科学管理理念的背后，是整个绩效主义的时代，企业把人工具化，企业和人的关系是雇佣和附庸。职业成为人的既定轨迹，人的需求和能力被抑制和裹挟，没有得到充分释放。到了知识经济和智能时代，个体崛起，追求自我实现，工作和职业是手段而不是目的，企业为人而设，成为赋能于人的平台。

这是一个知识和创造的时代，人才已经超越土地和资本成为生产要素中最重要的部分。未来，人才会变成重要的资产。大部分人的工作会脱离体力劳动，变成脑力劳动、心智劳动，成为知识工作者。人创造价值的维度已经变了，不在于做事情的多少，而在于做事的质量和它的创造性、创新性。同时，个体的需求和职业观也发生了变化,以上都需要更创新、更符合人性的管理理念、方式和工具来适应新的时代。

据《财富》杂志报道,美国中小企业平均寿命不到 7 年,大企业平均寿命不足 40 年。而在中国,中小企业的平均寿命仅为 2.5 年,集团企业的平均寿命仅为 7~9 年⊖。美国每年倒闭的企业约为 10 万家,而中国有 100 万家(见图 1-1)。

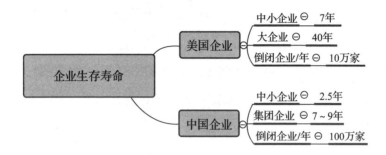

图 1-1　中美企业生存寿命

不管是百年老店还是商界新秀,不管是资产过万亿元的巨无霸企业还是杂货小店,无时无刻不面临生存或是死亡的拷问,**反而是 Google(谷歌)、Facebook(脸书)、Linkedin(领英)这些互联网、IT 公司获得了跨越式成长,究其原因是引入了一种新的管理工具——OKR,即目标与关键成果法。**

MBO(Management by Objectives,目标管理)是管理学大师彼得·德鲁克(Peter F. Drucker)创立的,把管理由命令式转变为目标引领式,变你要做为我要做,MBO 与 SMART 原则⊜相结合,要求每个目标都符合"具体的、可衡量

⊖ 刘兴国. 中国企业平均寿命为什么短 [EB/OL]. (2016-06-01). http://theory.people.com.cn/n1/2016/0601/c49154-28400516.html.

⊜ S 代表具体(Specific),指绩效考核要切中特定的工作指标,不能笼统;M 代表可衡量(Measurable),指绩效指标是数量化或者行为化的,验证这些绩效指标的数据或者信息是可以获得的;A 代表可实现(Attainable),指绩效指标在付出努力的情况下可以实现,避免设立过高或过低的目标;R 代表相关性(Relevant),指绩效指标是与工作的其他目标相关联的,是与本职工作相关联的;T 代表有时限(Time-bound),注重完成绩效指标的特定期限。

的、可实现的、相关性的、有时限的"五个方面要求,更重要的是MBO最终与KPI相结合,成为绩效考核的工具,从而开始失去作为目标管理的核心方向,转变为为了绩效考核的结果,也就偏离了目标管理的方向。

OKR作为一种新的管理方式,通过透明沟通形成共识、形成共享;通过更公开的信息流动、建立个体的发声渠道,让大家更加聚焦,形成共振。从这个角度看,**OKR就是以人为本赋能管理的一种应用**。OKR的本质是目标管理,是MBO理论思想的迭代,OKR与MBO相比,不光是进行了目标分解,同时还要针对O(目标)有相应的KR(关键结果),**KR是实现O的方法论、工具、路径和想法**,从而能够更加贴近并确保O的实现,而且KR是可以不断试错的,这个试错是可以主动替换的过程,因为未来的不确定性,导致没有人是圣人,可以预知未来,那只有通过不断地用KR试错,来进行路径选择,从而更加敏捷、高效,也比MBO更加容易落地和实操。

OKR是什么? 如图1-2所示,OKR是目标管理的工具、激励的工具、沟通的工具和创新的工具,着重在创新变革,以透明和不断试错的方式,确保目标的实现。这四个工具的定义,意味着OKR的属性,透明和试错是两个机制,透明可以产生一系列的如"平等、公开、监督、协调、压力、竞争"等作用,而试错则是走向成功的必备条件,就像做发明创造,失败是成功之母,只有经历了无数次的失败后,才能最终获得成功。图1-2展示的文字把"OKR是什么"高度概括了。

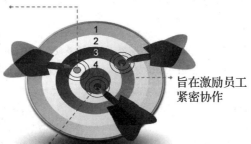

图1-2 OKR的定义

1.2 OKR 在实施时的挑战

OKR 在实施时的挑战有如下几点：

1. 目标不具有挑战性

很多人的 OKR 设置看上去就像日常工作，没有什么挑战性，HR 部门作为对接归口部门，又无法有针对性地指出，这些 OKR 应该如何设置才具有可挑战性。而许多部门负责的 OKR 也都以流程化的工作作为目标，也就是说当部门负责人对 OKR 也有这样的认知和理解时，他们是无法指导下属应该如何设置出有挑战性的目标，那么与 OKR 的本意就相差甚远了。

2. 目标不知该如何设定

OKR 的目标是从公司级分解到部门再分解到个人，也就是说源头要从公司级目标延伸开来，而很多公司在目标设定时，往往是拍脑袋来的。我的客户在请我去做辅导时，我管他要 5 个企业当年的目标，不能全部是业绩或收入类的目标，往往公司 CEO 和高管或合伙人听闻并紧急开会后，给我 5 个当年的目标，这是比较普遍的现象。

这 5 个目标基本上是通过拍脑袋得出的，而我在辅导时由于时间有限，就没有对 5 个目标的产生过程进行追究了，但其实这样仓促地得出的 5 个目标，往往会存在因为根基不稳而出现的变数。我们在 OKR 的语境中是这样描述 OKR 的 O 的，O 是远大的可挑战的目标，而且 O 在一年时间内尽量不要变，以确保为了实现这个目标而全力以赴，一旦 O 变得多了，就会影响士气，也会影响目标的实现。

因此目标的产生是要通过专业的梳理和分析后才能得出的，首先要梳理公司战略、未来的发展方向、定位，还要考虑公司的核心优势、产业的发展趋势、国家的宏观政策，并结合资本的产业方向，通过转型升级、产融结合、弯道超车，打造新的商业模式，最终实现公司的华丽转身。这需要通过一整套科学的工具和理论，才能得出切实可行的战略，并将战略分解成年度目标，这样的目标才是可行的。

3. 目标分解不下去

很多读者说把目标往下分，感觉很难，难在哪里呢？定量的目标比较好分，而定性的目标往往不太好分。因为定性的目标不好衡量，所以就分不下去了。我在给企业辅导时发现，大家在练习目标分解时，分解目标的方式是五花八门的，有的按流程分解、有的按职能分解、有的用思维导图分解、有的按层级分解，等等。这就说明，企业没有对目标分解进行过培训，大家在进行目标分解时，只能按自己的理解进行，但中国人的语言表达是比较含糊的，这样导致不同的人理解又是不同的。

目标的分解缺少方法，大部分公司在目标分解时，只分到第二层，最多第三层，也就是从顶层分解到各事业部和子公司，最多再分到部门级，很少有公司将公司目标层层分解到个人。主要原因还是，长期以来从组织管控的角度，只管到部门，部门以下由部门自行管理。

而管理的核心是可描述，可描述才能可衡量，才能可管理。定性的目标是要按照内部的逻辑关系来拆分，要运用专业的工具才能有效地分解定性目标，要建立系统性思考，整体考虑各个环节，更重要的是突破常规，因为我们往往存在惯性思维，习惯向下分解，而很少能向上求解，思考如何可以快速实现目标。

4. 评分时不知该如何评

有读者向我反映，他们公司在推行 OKR 时遇到的难题是，主管在给下属做季度评分时，下属认为主管评得低了，主管认为下属对自己的认知不客观，二人闹得不可开交，问我该如何处理。

这也是一个在实践中非常典型的例子，为什么大家对 OKR 分数如此在意呢？难道 OKR 的分数越高越好吗？不是的。OKR 是目标管理，而有挑战性、有野心的目标才符合 OKR 里对 O 的要求，什么是有挑战性的目标？评价标准是这样的，如果这个目标实现是 1 的话，你全力以赴地去做也只能实现 0.6～0.7，而全力以赴是什么概念，那就是没有休息日地工作，不是朝九晚六地上下班，而且想不起来最近一次休息是多久以前的事情了，就算这样拼命地工作，你的目标也只能实现 60%～70%，这样的目标才是具有可挑战性的。

再来看这个问题，二人在争评价的分数，为什么争，一定是因为分数低了才会吵得不可开交，而在 OKR 的语境中，OKR 的得分高了，则说明目标不具有可挑战性。通过这个现象就能看出，在 OKR 的导入过程中，大家并不清楚 OKR 的特殊属性是什么，因此才认为分数要越高越好，目标要能实现才最好。

5. Review（评估）时走过场

其实 Review 不只是评价，还有个很重要的环节是面谈。评估工作的完成情况，与目标之间的差距，另外还要将这个结果反馈给被评估的人，告诉他差距在哪里，出了什么问题，在下个季度的考核评估中应该如何调整，从而能够实现目标。

很多企业其实缺乏 Review 的概念和过程。因为国内绝大多数企业还没有真正意义上的绩效考核和绩效管理的概念，因此大部分中高层管理者，没有受过这方面的培训和教育，大家内心其实是没有感觉的，尤其是面对工作表现不好、绩效考核差的员工，管理者和员工双方都会紧张，气氛也会显得尴尬，那为了缓解这样的局面，双方就尽量想快速结束这样的面谈，草草结束了事。

6. OKR 没有透明公开

一些读者问我，公司领导对共享 OKR 有顾忌，怕公司的商业秘密会被泄露，因此公司在推行 OKR 时，参与 OKR 项目的人，并没有做到彼此共享各自的 OKR，问我这样是否可行。这个问题又回到为什么 OKR 要透明，彼此都能看见上。

OKR 之所以提倡透明，彼此都能看到各自的 OKR，是因为通过共享透明的氛围，可以营造出无形的压力。你想，在一个透明的环境中，当你可以看到你老板（经理）的 OKR，也可以看到老板的老板（副总）的 OKR，甚至还可以看到 CEO 的 OKR 时，你会怎么想？当整个公司的 OKR 都是可以看到的，谁的 OKR 有野心、有挑战性，谁的 OKR 太容易实现了，彼此间基本上都是一目了然的。另外，如果你的 OKR 太容易实现，你的老板会找你谈话，指着他自己的 OKR 和别人的 OKR 对你说："看看我的 OKR，看看其他人的 OKR，都如此有挑战性，再看看你自己的 OKR，你还好意思吗？"如此就给你两个选择，要么马上回去改 OKR，要么赶紧离开这家公司，待不下去了。

7. 将 OKR 当作 KPI

目前国内大多数已在应用 OKR 的企业，是将 OKR 替代了 KPI，也就是去 KPI 化，因此也就将 KPI 的绩效奖金转化为 OKR 的奖金，因为对老板而言"关注什么，就要考核什么"，不然怎么知道是否做到了呢？

当 OKR 替代了 KPI 并与奖金挂钩时，OKR 就演变成绩效考核工具，其实就是新瓶装陈酒，那么所有与绩效有关的弊端，都会在 OKR 的应用中出现了。

正是因为绩效考核的缺失或不如意，才激发许多企业开始尝试新的工具和方法，以为用 OKR 就可以替代绩效。正是有了这样的思想，才会将 OKR 当作绩效考核来用。

8. 推行 OKR 后绩效考核怎么办，两者如何相处

这是在国内每个推行 OKR 的企业都不可避免会遇到的问题，到底要还是不要绩效考核？因为在 Google、Intel、Facebook 这些公司是没有绩效考核的，所

以很多创业公司、高科技公司也想放弃绩效考核，直接引用 OKR，这样可以吗？

我们要知道 OKR 的核心思想是设定有挑战性的目标，目标要远大，那么问题来了，如果大家都去追逐有挑战性的目标，那些琐碎的事谁来做？有这样一句话，"员工只做你考核的，不会做你想要的"，那上述的高科技公司为什么能做到呢？那是因为他们推行 OKR 已历经几十年，Intel 至少 40 年，Google 也有近 20 年时间，职业化程度已经很高了，许多琐碎的事，靠很高的职业素养都可以自觉完成了，而且这些公司请的又都是毕业于全球排名前十的大学的毕业生，而我们的国内诸多公司，还没有建起如此高水平的人才队伍，那就只能靠自己慢慢培养了。培养就意味着你要不断地教育、不断地立规矩，因此在国内的企业，在引入 OKR 的同时，也不能放弃绩效考核，因为更多琐碎的工作，必须要通过绩效考核才能确保落实，不然的话，员工都去追逐高目标了，谁在乎日常的工作呢？

1.2.1 战略目标缺失、目标分解不细、OKR 没有透明化

目前国内很多企业是没有战略，也没有愿景的，当被问及对企业未来的想法时，很多老板的回答是"做大业绩、走资本市场、被上市公司收购、未来上市"，等等，这些只能是一些想法，而不能称为战略。

转型真的很难，企业要从一个熟悉的产品和业态，转向一个陌生的市场和新的产品，面临着诸多的不确定性，能否转成功也是一个未知数。这就需要通过公司的未来战略规划来制定方向和目标，而战略目标的制定，要涉及公司自身的核心竞争力，以及对本产业方向的未来发展趋势的研究和分析，更要考虑到资本市场对这个产业的未来发展的预期，因为目前公司在发展过程中，已不能靠原先通过自身的原始积累来扩大规模了，这样做的发展速度太慢了，而现在产业的发展是需要靠资本推动才能实现快速增长的，一个产业的迭代速度已

快到 2~3 年就迭代一次了。

　　随着新技术创新、新产业趋势、新商业模式、新应用场景的不断涌现，人工智能、物联网、大数据、云计算、区块链、生物科技、新能源技术等科技创新核心领域均保持着超高速增长和大规模发展态势，已经并将持续改变人类的生活方式，成为新经济的新引擎、新动能。随着"互联网+""智能+"和"大数据+"逐渐成为各行业的"标配"，传统的产业边界也不断被突破。

　　透明化是 OKR 在实施过程中的一个很重要的标志，因为透明化会带来"榜样的作用、激励的作用、鞭策的作用、无形的压力、监督的作用"。当实施 OKR 的整个团队中的个体都能看到彼此的 OKR 时，这会带来很大的冲击，谁的 OKR 具有挑战性，谁的 OKR 太容易实现了，都会一目了然。而且透明还可以推动彼此的竞争。领导们会看得更加清晰，谁在努力工作而谁在得过且过，领导如果不能有效管理和推动下属进步，就可能会被领导的领导责怪，因为领导的领导能够看到领导的下属在混日子，所做的事没有可挑战性。那么当领导被他的领导责怪过之后，他会怎么样呢？他肯定会找此人，指出他的 OKR 不具有可挑战性，要求他立即修改，如果一直不能符合 OKR 设定的原则，那就要考虑换人了。这种无形中的监督所产生的压力，是绩效考核所不具备的。

　　实施 KPI，彼此之间是看不到具体考核指标的，就连本部门内部的不同岗位，也是保密的，这就造成了相对独立，只有领导可以看到，领导的领导也看不到具体的情况，或者也没有细看。因为绩效考核指标在实际运用中，一般都是到了考核期的时候，才会进行逐一 Review（评估），平时没有人会关注。

　　但在实际操作中，有些公司不愿意将 OKR 公开透明，认为这样会泄露公司的商业机密，还有一种思想，是怕将领导的工作给泄露了。其实这都是因为没有放开心态所致。公司的商业机密是指设计资料、程序、产品配方、制作工艺、制作方法、管理诀窍、客户名单、货源情报、产销策略、招投标中的标底及标书内容等技术信息和经营信息。这些资料的具体细节,是不会体现在OKR中的,而是作为日常工作的内容,在系统中、工作任务里出现,所以OKR中的那个KR是不可能写这些细节的,也就不涉及泄露商业机密。所以,还是心态最重要。

1.2.2　关键结果的可挑战性不足、没有随进程及时更新

以往我们在实施目标管理的过程中,往往会出现这样的情况,年初设定的目标到年底总结回顾时,会发现与当初设定的目标相差太多,偏差太大,这就是常说的那句"理想是丰满的,现实却是骨感的"。究其原因有两种说法,一种说法是当外部的环境、条件以及当初设定的策略出现偏差时,企业没有调整出相应的策略和措施,没有跟上外部环境和客户的变化,还是按年初制定的策略继续执行,就造成了偏离目标的结果。

还有一种说法是,应该随着市场和客户的变化,去调整我们的目标。调整目标,会很容易陷入目标不断地移动和变化而造成的不确定性,也就是我们常说的,公司不稳,目标经常变来变去,让人无法理解和判断。因此**目标尽量不变,为了实现目标,尽量去调整措施和方法**。就像学生高考,目标就是读本科,但意外发生了,这一年发生了不可预测的"黑天鹅"事件,所填报志愿的学校今年分数涨了100分,那肯定掉档了,最后是读个大专,还是出国,目标难以达成了。那有没有别的途径可实现心中的目标——读本科呢?有的,可以在国内参加专升本考试、国际合作3+N模式、自学考试模式,这些都是为了实现读本科的目标,当客观环境出现了不可逆转的情况时,而采取的具体措施,是为了心中的目标不变。而如果调整我们的目标,那就只能安慰自己说"因为今年发生了'黑天鹅'事件,不是我不努力,所以目标就是改为读专科吧。"这就是差距。

在设定OKR时,我们讲O要有挑战性,要有野心,只有设定很高(High

Level）的目标，才能激发每个人的斗志，这样即使目标没有最终实现，也会导致个人全力以赴地奔跑，而超越90%的同行。O具有很高的可挑战性，那么KR又该如何呢？

我们在评价一个公司运行OKR是否有效时，会看每个人的OKR中的KR有没有更换过，如果更换过多，如在整个OKR周期内（一个季度）更换了数十次KR，则说明这个KR的设定比较草率，没有经过深入的思考。为什么这个KR不能有效完成，就草率地更换了？反之，在一个周期内，没有更换过多KR，或只更换了几个KR，则说明他的OKR在执行的过程中，没有全力以赴地去努力实现，也反映出他的KR不具有挑战性。因为面对一个具有挑战性的O，是一定要想方设法地去实现，在这个过程中，需要不断试错，不然是很难有结果的。

1.2.3 不知如何用OKR激励个体、设计激励方式

OKR在Google、Intel、Facebook等公司的应用中，并没有重点介绍如何激励员工，因为OKR诞生在Intel至少有40年了，在Google也有近20年，可以说在美国硅谷的应用已相对较为成熟了，更多的公司把OKR当作实现员工梦想、超越自我的方式，员工也早已不在意能得到多少奖金的激励。另外，在这些公司的OKR是以项目制在运作的，这里的项目制不是国内通常意义上的项目管理的概念，这种项目制更多是以项目公司的方式，当早期有了一个创意的雏形后，公司评估可以立项，就由公司进行孵化，一旦原型机研制出来，就可能引入风投，然后不断迭代产品，再继续引入各类基金，而当初参与的所有工程师，就会以原始股东的身份加入，从而以公司制的形式快速成长，最终上市或卖给上市公司，获得丰厚的收益。

而这种模式的激励，目前在国内的公司很难实现，好多引入OKR的公司，本身就是一个创业公司，没有经济实力进行内部孵化，另外一些上市公司、央企，受体制的影响，也不能做到以孵化器的形式来进行项目制的激励。因为这

里有个很重要的因素，就是风险很大。我们都知道，市场上那么多的风投公司，成功的概率不到5%，未来很难看清，团队核心成员能否最终一路同行，以及与同行相比谁背后的资本实力更雄厚，决定了项目能否最终成功。

国内目前实施OKR的大多数公司，在OKR激励方面主要有下面三种应用：

(1) 将OKR的得分与绩效奖金挂钩，用OKR替代KPI，这样做的结果，其实就是将KPI换成了OKR，新瓶装旧酒。

(2) 将OKR与KPI结合，设定权重，一线销售人员按70% KPI + 30% OKR实施，中后台人员按40% KPI + 60% OKR实施，这样做是将二者融合在一起。老板一直有着一种固化的思维"没有考核就无法得到想要的结果"，既然大家觉得OKR好，那就拿来用，但要对结果考核。其实这样的做法，也是违背了OKR的本意，因为OKR不应该与绩效挂钩，一旦挂钩了，就会影响OKR的初心：设定有野心、有挑战性的目标。

(3) 将OKR的激励单独分开，KPI继续按原先设定的规则做以及分配奖金，OKR只为了激励那些自动自发的人、有自驱力的人，这样的人只会是少数，因此OKR的激励是面对这些人，通过全场投票选出最具有挑战性的OKR，对TOP 10% ~ 20%的人，给予物质奖励。这样的做法，既与KPI有了明显的区隔，又对OKR突出的人员给予奖励，也起到了真正的激励作用。

1.2.4　OKR与绩效考核的理念和实操冲突

绩效考核作为管理工具，自20世纪90年代传入我国，期间经历过MBO、BSC、KPI、KPA（Key Performance Affair，关键绩效事件）等不同的绩效工具。绩效考核是绩效管理的一个环节，绩效管理涉及绩效目标及分解、绩效指标设定、绩效考核、绩效跟踪、辅导、检查、评估、反馈、绩效奖励及惩处。

绩效考核有三个核心理念，分别是对绩效结果负责、绩效分数与奖金等级挂钩、绩效指标尽量量化，我们将在 5.1.2 小节讲述。

OKR 的特点如图 1-3 所示。

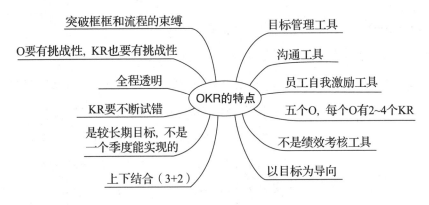

图 1-3　OKR 的特点

（1）OKR 是目标管理工具，目标管理是管理学家彼得·德鲁克于 1954 年在其名著《管理的实践》中最先提出的，之后他又提出"目标管理和自我控制"的主张。德鲁克认为，并不是有了工作才有目标，而是相反，有了目标才能确定每个人的工作。此"企业的使命和任务，必须转化为目标"，如果一个领域没有目标，这个领域的工作必然被忽视。

（2）KR 是沟通工具，因为 OKR 在实施过程中，为了确保目标的实现，需要团队成员建立良好、敏捷的沟通机制，每周跟踪团队成员的 KR 进度，每月要总结，这样沟通频率是很高的，这种沟通也就可以快速地对 KR 做出反应：这个 KR 是否可行，是否有更好的实现措施，为什么没能有效推进，遇到哪些问题，如何解决，等等。这些过程中遇到的实际问题，能够有效解决，那么实现目标也就有保障了。

（3）OKR 是员工自我激励工具，因为员工在做自己喜欢的事，觉得这个工作有使命感,就会促动他自动自发地去完成目标。那为什么能让员工产生这种驱动力?主要还是因为目标有挑战性,人在社会实践中,总是喜欢尝试做有挑战性的事,这样才会有成就感,才能激发出自己的强大动力和追求成功的欲望。而且OKR也是与上级达成共识的,其中的个人的两个O是自己提出来的,那么就会更加积极主动地去完成O。

(4)OKR不是绩效考核工具,因为绩效是要与绩效分数相结合的,绩效分数是要与绩效奖金相挂钩的,就会造成因为扣分就会扣绩效奖金,那么在目标设定时,就不会设定有很大挑战性的目标。而OKR不是绩效工具,不会受到目标不能完成而影响到绩效奖金的制约,没有制约,目标的设定也就有了更大可挑战的空间。当员工一直在追逐可挑战的目标,持之以恒时,就已经超越了90%的同行。

(5)OKR全程透明。因为透明,所以每个人能看到彼此的OKR,就会带来竞争、压力,这样就会无形中产生较量,用目标指引大家,就是靠每个人都知道目标是什么,以及彼此都在做的事是否与目标是一致的。

(6)OKR以目标为导向,前面讲过KPI是以结果为导向,而OKR是以目标为导向的,通过评估KR的进度,以目标实现为导向,主动地不断试错,只有路径对了,目标才有可能实现。

(7)五个O,每个O有2~4个KR,是指在OKR的语境里,目标不能过多,最多为5个,每个O下面设定2~4个KR。

(8)上下结合(3+2),是指上级的KR是下级的O,下级承担上级最多3个KR作为自己的O,另外自己再提出2个O,作为自己想做的事,这种模式更好地产生上下级之间的互动,既传承了上级的目标也结合了自己的创新。

(9)O的设定是一个长期的目标,应该是一年的目标,而不是一个季度就能实现的目标，因为一个季度的只能是工作任务，成不了目标。

（10）KR要不断试错，这是OKR一个十分重要的机制，因为未来是不确定的，探索和创新的过程会有失败的可能，所以要有容错机制，通过不断试错，快速迭代，才能有效地实现目标。

（11）OKR在实施过程中，O的设定要有挑战性，KR为了实现有挑战性的O，也必须要有比原来更具有创新和挑战性的方法、路径，来支撑O的实现。

（12）突破框框和流程的束缚，是指OKR突破固有模式，摆脱成功路径的依赖，这样才有可能做出有创新的挑战事情，而长期以来的条条框框，则会束缚人们的思想，所以要有意识地不断突破思想上的束缚。

1.2.5 OKR如何与绩效考核并行实施

绩效考核关注的是结果，而且因为量化，其实很多绩效考核指标已经基本固化了，也就是说能量化的指标，基本上都开发出来了，只是到指标库里去选而已。这也就造成了一种现象，"你在还是不在，KPI都在那里"。很多人离职是因为完不成KPI，但换了新人来了，不会因为新人而去调整或修改KPI，基本是维持不变，甚至老板对新人希望更高，因此在选人时，老板会希望将前任的不足之处，在新人身上得到弥补。所以，KPI总是存在的，可以理解成就像体检指标一样，一抽血所有的血常规指标如胆固醇、血糖、红细胞、白细胞等几十项指标就都有了。有的高了有的低了，让你看得眼晕，如何调理呢？那就要对症下药，但大部分情况下，这些指标的高和低，并不是生病的症状，而是人体处于亚健康的状态下，需要通过饮食、运动来调整的，你每天走1万步，三个月未必有效，必须经过长期的锻炼，才能有所改善，但你未必能坚持两年以上，因此就再换一种运动方式，如跑步、瑜伽、游泳等。你换了很多，但指标高的高、低的低，依然还在。

真正能够解决企业经营问题，提高经营业绩的，不仅是监控各项指标，还在于公司战略、组织设计、商业模式、产品、投融资、团队组织等方面的**管理**，而这些方面，是要用OKR让目标设定得更具有挑战性，并且需要进行持续改善。因此OKR与KPI的相处应该是可以和谐共存的。也就是说，KPI作为日常的监控手段，有必要在各个能够量化的关键结果里体现出具体的考核要求，但这些考核并不是工作的全部，因为还要有一些可挑战的目标，需要不断突破，这就需要用到OKR，来充分调动那些要追求高目标的工作，来引领并改变未来的人。因为每个公司都会有这样一部分人，会不断地挑战更高的目标，而OKR的激励，也是只激励TOP 10%。所以二者的空间，不会彼此侵占。

1.3 放开被 KPI 固化的思想

自20世纪90年代末开始，随着BSC平衡计分卡思想及KPI工具一并传到我国，绩效考核思想和工具传入我国，已历时近20年。目前，在我国央企、民企集团，都还在应用BSC + KPI的考核，由战略规划部负责组织目标的分解和考核，由HR部门负责对员工个人的KPI进行考核，一大批企业的管理干部对BSC + KPI的工具，早已应用熟练，也形成了相对比较固化的KPI考核思想，凡事先问"能量化吗？可实现吗？有具体衡量标准吗？如何能够实现？"

正是因为长期以结果为导向的思维，给企业高管，包括企业老板，形成了一种KPI思维，要求各项产出结果，都要以量化的标准来衡量，以为不能量化就不好管理了。曾听过这样的话：我们只会看到和听到**自己想要看到和听到的**。或者，当你是一把锤子，你看到的所有东西都是钉子。这其实是心理学中的**投**

射原理，你对事情的解释也恰恰反映了你自己是什么样的人。

"当你手上有一把锤子的时候，看所有的东西都是钉子。"这其实说明了人们经常会犯的一个错误——来自于自身条件，为了能让自己现有的工具派上用场而忽视问题本身的需求，忘了其实初始的目的是为了解决问题才使用工具，而不是为了使用工具去制造问题。**人总是习惯于某种思维运作模式，久而久之会形成习惯。**

1.3.1 不能将OKR当KPI用

目前企业所应用的绩效考核工具，起不到真正的激励作用，因此很多企业在不断地寻找可以替代绩效考核的新工具。而OKR的出现以及OKR在科技公司、IT公司应用后，表现出耀眼的光环，让许多企业认为OKR是可以替代KPI进行绩效考核的有效工具。其实这是一个误区。

OKR具有以下四个属性（见图1-4）：

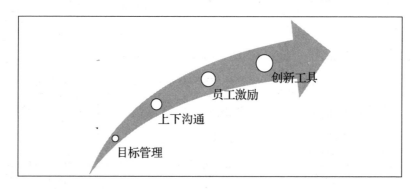

图1-4　OKR的四个属性

（1）目标管理。OKR中的O就是目标，MBO同样是目标管理，但OKR不像MBO那样，只是将目标不断分解，再结合SMART原则，与KPI相结合，形成绩效考核。在OKR的目标分解中，并不是所有目标都能成为O的，只有有野心、有挑战的目标才能成为O，而且每个O还有2~4个KR来支撑这个O的实施,一旦这个 KR 不能有效支持时,必须马上更换,以确保通过不断的试错方式,快速迭代,寻找一条正确的道路,以实现 O。

(2) 上下沟通。因为对未来的不确定性,所以即使制定了目标,也需要不断进行讨论、跟踪、复盘,以确保没有走错方向,一旦发现 KR 错误时,就要及时调整路径,以避免越走越错。所以在这样的要求下,通过频繁沟通的方式,采用一对一、一对多的形式,来讨论进展是可行的。

(3) 员工激励。传统的 KPI 绩效目前已丧失了激励的作用,因为要确保得到绩效奖金,绩效分数就会普遍较高,员工并不是因为工作出色而得到高分,而是因为绩效分数影响到绩效奖金,而得的高分,自然就失去了激励的效果。OKR 的激励不是因为分数的高低,而是为了 O 的实现,而且在设定 O 时,每个人的 5 个 O 中,有 3 个是来自上级的 KR,另外两个是自己提出的。做自己想做的事,更是一种有效的激励。

(4) 创新工具。由于未来的不确定,没有人能够清晰地指明未来,就只有通过不断试错的方式,进行快速迭代的探索,这种方式非常符合创新思维,试错则是走向成功的必备条件。

通过这四个属性,可以看出 OKR 不是绩效考核的工具,不能当 KPI 用。

1.3.2 不能以量化作为衡量结果

> 管理就是要可衡量。能量化尽量量化,不能量化尽量细化,不能细化尽量流程化。——彼得·德鲁克

大师的一句话,导致所有做管理的人都在不断追逐让管理变得更加量化(见图 1-5),而不断开发和应用各种工具,以体现管理的科学性。在一味地追求量化的过程中,迷失了很多管理的其他方向,而陷入了为 KPI 而 KPI 的怪圈中。

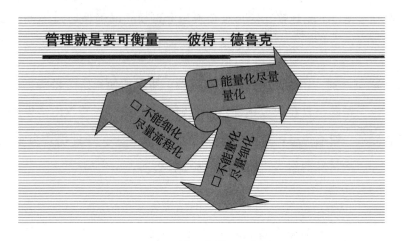

图1-5 管理就是要可衡量

（1）能量化尽量量化："量"字既指测量东西多少的器物等，又有限度、数量、估计和估量等多重意思。而量化则既是确定工作的标准，又是将工作由抽象变具体、由定性变定量、由模糊变精确的一种方法。例如，数量、成本以数字来表示，就很具体，如销售收入、利润、回款、毛利、成本总额等指标。

（2）不能量化尽量细化：细化是将工作任务做出分解，干到什么程度，达到什么标准，由谁负责，都定量定性地搞清楚，从而使每项工作有人抓，每人的工作有依据。实践证明，细能出标准，细能求深入，细能促落实。例如质量、时间、评价这些不能以数字来衡量的指标，可以使用如产品使用寿命、效能、质量等级、时间节点、客户满意度、上级评价等指标。

（3）不能细化尽量流程化：职能部门有很多岗位，工作比较单一，往往一项工作做到底，这种工作用量化、细化好像都无法准确衡量其价值，如打字员、会计、培训专员、监察员等的工作。针对这种工作，可以采用流程化的方式，把其工作按照流程分类，从中寻找出可以考核的指标。针对流程中每个环节，我们都可以从多个维度来衡量，对评价标准我们还可以列出相应等级。如果考核的话，就由其主管按照这些标准征询其服务客户的意见进行打分评估。

KPI 作为绩效考核的工具，具有非常明确的结果导向。所设定的指标从结果来看，也是可衡量的、可量化的、明确的。指标结构及数据来源也可以从相关渠道获得。尤其是那些产出结果比较直观，与财务关联比较密切的业务部门（生产、销售）的指标，避免了许多人为因素的干扰，体现出客观性、公正性，其结果也是比较直观的，达成还是没有达成，非常清晰。

业务部门的量化指标往往容易制定和选取，但部分非业务部门的工作内容往往是不易量化的。大多数非业务部门，如人力资源部门、行政管理部门等，其 KPI 的量化难度相对较高，因为这些部门的工作具有很多不确定性，工作成果不是由个人能掌控的，而且工作中受领导的意志影响比较大，处于随时响应的状态，另外工作成果也不是定量的，而是以完成某件事情或任务，让领导和周边的相关协同人员都能满意为主，因此具有随机性、不确定性、不可控性，也就不能事先有较为明确的结果可以预测，若硬性地从其自身职责上进行量化，可能出现考核结果的失真。

1.3.3　防止将 OKR 分数用于奖金分配

在 OKR 的语境中，在一个季度内，1 个 O 的得分在 0.6~0.7 分为正常；在 0.8~0.9 分则过高，说明 O 的难度系数比较低，KR 不具有挑战性；在 0.3~0.4 分时，说明 O 的难度系数较高，KR 一直没有有效的进展。从中可以看出，OKR 的分数高低，只与 O 的可挑战性有关，与 KR 的进展程度有关。

OKR 得分，无论是按高分排序还是按低分排序，都意义不大，因为这其中有一个很重要的原因是，在实践中，KR 是被要求作为试错路径的，一旦连续两周没有进展，这个 KR 要被马上替换，换一个难度系数一样的新 KR，因此到最终季度评分时，这个 O 可能已经换了好几个 KR 了，每换一个 KR 其实对 O 的得分都会产生影响。如果再将 OKR 的分数与奖金结合起来，无论是按高分排序，或是按低分排序，并与奖金挂钩时，就会导致出现，**有什么样的政策就会**

有什么样的对策，整个OKR的执行就完全变味，沦为绩效工具。

如果按高分排序，那直接影响就是O的设定不能太有挑战性，并确保KR容易推进，就能拿到高分，确保奖金。反之如果按低分排序，则O的设定要有很大的挑战性，反正不能实现是常态，同时KR也要设置得难以实现，更关键的是，连续几周没有进展，也不会马上更换新的KR，因为没有进展，就会造成O的分数也低，这样排序时就能得到高排名，确保奖金。可知，当有一个先入为主的主观目的后，所有的执行过程都会因此而被忽略。

当OKR的分数与奖金挂钩后，其实就没有创新，只是多了一个绩效的工具，所有绩效的优劣也都会被完全集成，那与我们之前所用过的BSC、KPI没有多少区别。**因此OKR一个很重要的特点，就是OKR结果不与绩效挂钩，OKR的分数也不用于分配奖金。**唯有如此，才保持了OKR独特的魅力。

1.4　转变只求结果不关注过程的观念

"我只要结果，不问过程"这句话很典型，被许多老板所追捧，在公司布置任务时，总爱在最后总结时，带上这句话。这句话如今似乎已经成了许多管理者嘴边常挂的一句话，似乎在显示着管理者的某种个性，或者企业的某种管理文化。这种方式真的有效吗？

我的一个客户，以年薪百万元请了一个职业经理人，做上海公司的总经理。这位职业经理人也曾是圈内多家知名公司的高管，也是经验丰富。他制定了一份年度经营计划，各项指标都一一列出：业绩、利润、回款、新品推广、渠道建设、线上推广等，并设定了组织架构，开始招兵买马，老板也没参与到具体事务中。半年过去了，好像公司的业绩并没有起色，听到的汇报是，因为是新公司，品牌、市场、团队都需要时间预热。等到第四季度，老板眼看公司业绩与设定目标差距实在太大，只完成20%后，才亲自接盘，发现总经理在管理上出现很多问题，为了开拓市场，支付渠道方各种费用、压货、选择缺乏资质的供应商、线下渠道依然空白，等等。最后老板开掉这位总经理自己亲自打理。

只问结果不问过程，对于相对默契度较高的团队和比较成熟的市场业态，可能会有作用，团队也知道老板想要什么，之前也都操练过相同的业务，大家按套路做事，不会出现太大问题。但如果是面对新的市场、研发新的产品、面对新的客户，如果也是不问过程只看结果的话，效果就很难得到保证。

我们还是以上述我的客户的例子做延伸，总经理制定的年度经营计划中所列的各项指标，都是按年度设定，需要细分到每个季度、每个月的经营指标，这样通过对每个月的指标完成情况的对比分析，就能准确掌握市场以及客户的需求变化。因此作为老板就要看经营计划的落实情况，就要有问题提出，如：

◆ 经营目标中业绩的分解到每个月的完成情况如何
◆ 在经营中遇到什么样的问题
◆ 对线上和线下的渠道开拓，有哪些具体的措施
◆ 如何评价团队成员每个人的能力
◆ 各类客户［CS（门店）、KA（大型超市）、线上、百货、商超、连锁］对我们是如何评价的
◆ 每次的市场推广活动，收效如何
◆ 供应商体系有没有建立？如何评估

以上这些问题，总经理如果能清楚地回答，让老板信服，那么结果一定会好，反之，老板就不能做甩手掌柜了。当然，如果老板提不出这些问题，那么只能听天由命了；或者就同进同出，总之必须亲力亲为了。

过程很重要，过程对了，结果才有可能是对的，过程错了，结果一定不对。放弃过程，就等于放弃了原则。

1.4.1 执行周跟踪

不少管理者以为将任务安排下去，事情就结束了。实际上，对于结果达成而言，仅仅是开了一个小头，管理者的职责远远没有结束，还需要对员工进行辅导、提供支持，对工作进行检查和纠偏。有一些管理者抱有这样的想法，就是我把事情交给你去做，我这么信任你，你不可能不用心去做。他们甚至有这样的想法，就是认为在过程中检查就是对员工的不信任，既然把工作交给员工去做了，就要做到疑人不用、用人不疑。

这里面犯了一个逻辑错误，他们把信任等同于不检查，把检查等同于不信任。信任是对人的信任，这个发生在决策环节，只有对员工的能力和品德产生信任，才会交由他去做，否则就不会把任务分配给这名员工。检查是对事的检查，检查发生在执行过程中，检查不是简单地提问，更不是盘问，检查是一次管理者和员工进行的双向和良性互动，发现任务执行过程中碰到的问题，给予支持，通过双方协作促使任务保质保量，按时完成。

检查督促的频率多久一次比较合适？在绩效考核的思维下，一般都是在考核周期结束后，由 HR 部门发起，然后各部门负责人对下属的考核指标进行评价。平常很少会对考核指标进行跟踪评价，而绩效考核周期一般是季度或半年度，这样的绩效跟踪周期，还是与工作实际有脱节，不能及时跟踪反馈。

因此在 OKR 的规则里，跟踪反馈是按周进行的。**通过跟踪检查纠偏工作，使组织的各部门、团队保持统一的方向和统一的节奏。**这就好比一群人要去同一个地方，如果只告诉他们目的地，而不在过程中给予反馈，就可能会出现散乱一团的局面，虽然方向一致，但因可选择的路径太多，就会导致有的人早到，有的人晚到，团队的节奏被打乱。同时，**建立跟踪检查的机制是为了提高团队的承诺兑现能力。**即使目标确定了，责任锁定了，也可能会出现拖拉的情况。检查机制是一个压力系统，毕竟不是所有的员工都属于内驱型，他们需要借助外在的力量进行驱动,帮助他们保持紧迫感。

1.4.2 执行月总结

一般情况下,单位搞月度总结时,都会要求提交月度报告,月度报告涉及月度重大事件说明、月度具体工作总结、当月计划完成情况、当月未完成工作项目说明、月计划执行率、工作中存在的问题、工作改善等内容。这样的总结比较空泛,个人写完就提交,也缺乏面谈和回顾,只是完成一份作业,写给自己的一份备忘录而已,是一份没有反馈、面谈的工作总结。

而作为OKR在进行月度总结时,不是以个人写报告的方式,而是以复盘的形式展开的。复盘是围棋术语,也称"复局",指对局完毕后,复演该盘棋的记录,以检查对局中招法的优劣与得失关键。双方棋手把刚才的对局再重复一遍,这样可以有效地加深对这盘对弈的印象,也可以找出双方攻守的漏洞,是提高自己水平的好方法。

OKR中的复盘,就是与团队成员一起,相互间进行工作点评,主要按以下步骤进行(见图1-6):

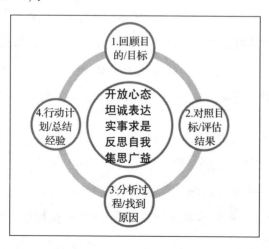

图1-6 复盘

- 回顾目的/目标：当初的目的或期望是什么。
- 对照目标/评估结果：和原定目标相比有哪些亮点和不足。
- 分析过程/找到原因：事情成功和失败的根本原因，包括主观和客观两方面原因。
- 行动计划/总结经验：输出可复制的方案或者改革措施，对各举措进行创新、继续或叫停。

复盘通常是以团队的形式展开，而工作总结通常以个人方式进行，虽然个人也能复盘，但是在企业里，大部分项目的运营都需要多个人协同完成。因此复盘是一种非常重要的团队学习机制，通过深度剖析，让团队成员能够从不同的项目复盘中相互学习经验知识，激发集体智慧，从而提高整体的技能与效率。

1.4.3 进行季度评审和员工大会

依靠主观判断的阶段已经结束了，在季度末，我们要进行一次客观正式的评估了！召开季度评估会议最重要的是弄明白两件事："做到什么程度"和"怎么做到这个程度"。

"做到什么程度"主要是指对每一个 KR 进行评级或者打分。基于季度的实际表现，每一个团队都要给出他们的最终得分，以及这些得分的理由。得分和理由应该是公开的，这为其他团队提供了宝贵的学习经验和教训的机会，帮助他们了解已经取得的成就，以及整个组织都目标一致时的巨大价值。

关于"怎么做到这个程度"，可能比第一个问题还要重要。我们要弄清楚什么促成了 OKR 的达成，或导致了结果与目标相去甚远。这需要组织摒弃过去和和气气的氛围，尖锐并坦诚地沟通执行过程中的问题。在 OKR 的语境中，"拍砖"是一种状态，团队成员每周在回顾 OKR 的执行情况时，主要是看 KR 的进展如何，怎样可以更加快速地做到，大家要不断地进行头脑风暴，迭代 KR，如果连续两周，KR 都没有进展，就要问为什么？出了什么问题？你的备选方案是什么？与替代的 KR 相比，难度系数是否一致？这些都是"拍砖"，直面问题。

如图 1-7 所示为标准的 OKR 周期。

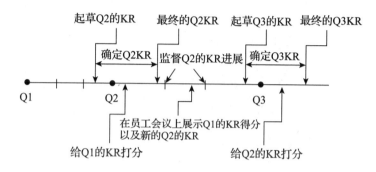

图 1-7　标准的 OKR 周期

在每个季度初期，根据准备的内容开始进行 OKR 会议，一般这个会议会持续两天左右。OKR 的会议内容主要分为以下三个部分：

（1）一部分是对于上个季度 OKR 内容的一个评估。OKR 季度评审大会是全员大会，在会上公布所有人在上季度的 OKR 得分情况，人数少的公司就由员工自行上台讲他在上个季度的 OKR 的得分，并注明这个分数在集团内、在同行业内，所具有标志性、领先性是多少、排在什么分位值。人数多的公司，则由部门经理来宣讲。

（2）评选全场 MVP。公布完分数后，全员投票，以全场最具有野心的 OKR 为唯一目标，进行评选。选出 TOP 10% 的员工，作为 MVP 人选。

（3）确认本季度新的 KR，由公司 CEO 或公司内 OKR 的推进者，宣布本季度的 KR，通过复盘上个季度 OKR 的执行情况，对本季度的 KR 提出新的 KR 修正，并确定本季度的 KR。

1.4.4　过程要沟通

沟通看似简单，实际很复杂。这种复杂性表现在很多方面。例如，当沟通的人数增加时，沟通渠道急剧增加，给沟通带来困难。典型的问题是"过滤"，也就是信息丢失。产生过滤的原因有很多，如语言、文化、语义、知识、信息、道德规范、名誉、权利、组织状态等。由于工作背景不同而在沟通过程中对某一问题的理解产生差异，给沟通带来不便。

从图1-8中可以看出，如果想要最大限度地保障沟通顺畅，当信息在媒介中传播时要尽力避免受各种各样的干扰，使得信息在传递中保持原始状态。

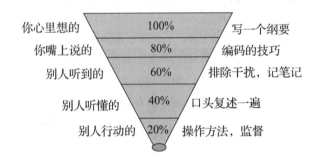

图1-8　沟通漏斗

在很多企业里，沟通不畅的主要原因是，沟通是单向的，往往是下级向上级汇报工作，或是下级单向接受上级的工作安排，上下级的沟通是有限的，而不是随时随地的。而且团队之间，或部门内部，并没有充分沟通，因为大家各司其职，相互间很少有交集，这样就导致虽然团队人数不多，但能够彼此沟通的机会不多，交集不多，彼此间也不知道谁在具体做什么，负责什么，遇到什么问题。

OKR的特点之一是透明，团队间相互协作，而且OKR设置的都是有野心的目标，大家也都不知道什么才是正确的选择，因此就要靠不断地试错，才能修正措施。这时就更要提倡多沟通、充分的沟通，因此OKR本身也是沟通的工具。另外在OKR的实施中，团队成员的组合，不超过10人，这样的人数最适合信息间的快速传递，用"@所有人"的形式，就可以覆盖到团队所有人，而10人的团队，信息传递和交换是最快捷的，信息透明对团队成员来说，是必须要做到的，而且这样快速的传递，还会带来快速的迭代，一顿饭的工夫，可能就已经迭代多次了。

1.5 建立系统性思考、全程要透明

系统思考解决问题的方式就是认识到复杂系统之所以复杂，正是因为系统各个组件间的联系。如果想要理解系统，就必须将其作为一个整体进行审视。系统思考是解决复杂问题的工具、技术和方法的集合；是一套适当的、用来理解复杂系统及其相关性的工具包；同时也是促使我们协同工作的行动框架。

简单来说就是对事情全面思考，不是就事论事，而是把一件事放在普遍的联系中，是把想要达到的结果、实现该结果的过程、过程的优化以及对未来的影响等一系列问题作为一个整体进行研究。这种思维方法是目前人类掌握的最高级、最科学的思维方式。

OKR在实施过程中，是一场变革，因此在目标设定、KR制定、OKR执行的整个过程中，OKR的推进者一定要进行全局性的系统思考，思考任何一个KR的变动会对O产生什么样的影响，并且一定要有一个对局势的预判过程，以及做到全程透明。通过透明，可以让小组成员更多地来思考未来的变化，更多地参与到KR的试错中来，这样可以让目标更加快速地达成。

1.5.1 OKR与外界变化产生联动

在经济全球化、市场虚拟化的双重作用下，企业面临的市场环境日益复杂多变——顾客需求、产品生命周期、科技发展及应用速度、市场结构、游戏规则等，几乎没有一样可以容易地预料和保持长期不变，正如罗伯特·沃特曼（Robert Waterman）和弗里蒙特·卡斯特（Fremont Caster）等人所言"这一点

在今天的经营环境里比先前任何一种都更为突出：唯一不变的规律就是一切都在变"。在这种形势下，一些企业，包括国际上知名的企业因不能适应这种变化而被市场无情地淘汰。

研究表明，企业是一种复杂适应系统[一]，正是由于对市场环境的适应行为才使其构成演化得日益复杂，即复杂适应系统理论所说的"适应性造就复杂性"。企业作为有明确存在目标的社会成员，其生存与发展要求自身必须具备有目的的、自觉的适应能力。然而长期以来企业所遵循的层级式管理模式以及管理思想没有意识到这一点，甚至排斥这种需求，导致企业的适应能力被大大削弱，无法适应市场环境的变化而走向衰败。

OKR追求的就是不断地创新和变化，那么就要将外部的环境变化，积极地引入到OKR的实践中，尤其是在更换KR时，一定要考虑到，还有哪些KR可以更加有效地实现O，如何将目前最新的技术应用到工作中，通过新技术来带动企业的科技创新和商业模式，以及运营效能。

1.5.2 部门间积极响应变化

目前的组织架构大多数都是科层制结构，形成条线化管理，垂直领导。在科层制体系内，都是通过上传下达的方式传递信息，这形成了部门间的隔阂，导致跨部门间的沟通很难，因为都是垂直汇报的体制，横向沟通，就要涉及彼此间的上级，以及分管的副总来协调，才能基本上可以推动一件事情。而现在的管理，都是需要跨部门的，即便是人事、行政、总办这些具有跨部门协调职能的部门，也会在与涉及各部门的沟通协调中，遭遇困难，尤其是具有强势地位的销售、财务、研发、运营等部门，都强调自己体系的重要性。

[一] 复杂适应系统（Complex Adaptive System，以下简称CAS）理论是美国约翰·霍兰德（John Holland）教授于1994年在美国圣塔菲研究所（Santa Fe Institute）成立十周年时正式提出的。复杂适应系统理论的提出为人们认识、理解、控制、管理复杂系统提供了新的思路。

OKR 在推进过程中，就要尽量避免这种费力的沟通方式。因此，在 OKR 设定 O 时，就设定了这样一条规则，那就是同一个 O 可以分给不同的部门来负责，这句话的意思就是在公司高层，如 VP（副总裁）级在设定下级的 O 时，就要有意将可能出现的跨部门协调的 KR，让不同职能的部门来担当，也就是可以人为降低跨部门沟通的障碍，因为几个不同的部门，可能都在做着同一个 O，这样这些人就会形成同一个团队，来共同分解、完成这个 O，从而实现沟通自由，无障碍。

1.5.3 OKR 不涉及核心技术，应全程透明

在谷歌，员工可以看到每个人的 OKR，包括 CEO 的。这有几个好处：

(1) 能通过了解其他人的 OKR 找到你们共同的兴趣点，以更方便找到合作的切入点。

(2) 公开自己的 OKR 有助于得到更多人给你的支持。

(3) 公开的 OKR 就是一个公开的承诺，它能让你提升完成目标的动力。

透明是 OKR 一个十分重要的特征，透明可以带来无形的竞争、压力、公平、引领、榜样等激励作用，可以形成一种追、赶、超、比的氛围。有些公司会觉得，全透明了会泄露机密，其实在日常工作中，商业机密、核心技术是不可能出现在 OKR 的系统中的，工作中都会应用系统来进行，这些系统都是有密码加密的，不可能在 OKR 的系统中打开。因此这种机密是不会泄露的。

有一种可能，那就是参与 OKR 实施的公司高管的 OKR 会透明地呈现给所有人，这些高管的行程、拜访、会议等信息，有可能会有些泄露，但 OKR 要做的是可挑战性，因此作为高管层，本身就要心怀坦荡，透明的本身就是相互的，高层也要对员工坦诚相待。

透明能够产生一系列的反应,因为大家都能看到彼此,也就知道谁在朝着有野心的目标去努力工作,也能看到谁在偷懒、混日子,由此可以引发出一连串的效应,并由竞争产生压力,由压力引发动力,从而达到自我实现的追求(见图1-9)。

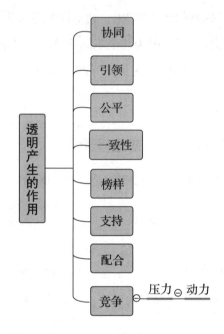

图1-9 透明产生的作用

第 2 章
战略引导的目标设置及目标分解

在给很多公司辅导 OKR 时，我都会告诉公司，要提供公司层面的 5 个 O，通常在这 5 个 O 中，业绩指标就会占 2~3 个，如销售收入、利润、回款等，再加上几个管理改进、团队建设之类的目标。

这些目标往往都是高管们拍脑袋想出来的，或是股东们一起熬夜开会讨论出来的，因此这些目标的背后缺乏深层次的思考。这些目标设定后，或者是很难执行，或者是管理者对外部竞争和市场环境的变化缺乏深刻认识，没有心理预期的准备，导致目标设定得过于草率，缺乏逻辑关系。更重要的是，在目标分解的过程中，目标只是传递到中层管理者和部门负责人身上，部门往下没有分解，造成压力不能有效传导到个人，如果没有上下同欲的良好氛围和企业精神的话，目标是很难实现的。

而在传统的 KPI 思维下，目标是要必须实现的，否则绩效奖金就不能得到，同时也会挫伤大家的积极性。因此就会形成相对保守的思想，以尽力实现指标为目标。而 OKR 的思想则是要有挑战、有野心的目标，因此这些目标往往会有 30%~40% 的失败可能性，也就是不能实现。因此对于一些要确保实现的目标就不能放在 OKR 的 O 中，就像为了尽量稳定股价，业绩不能出现下滑或波动，那业绩指标就不应该作为 OKR 的 O，因为如果将业绩作为 O，有可能因为目标定得太高了不能实现，而影响了公司的股价。

因此 OKR 的 O 是关键，公司层面的 5 个 O 的设置决定了公司 OKR 的导入，从一开始就要正确，要有战略高度。

2.1 战略目标设定

被誉为"定位之父"的美国战略学学者杰克·特劳特在积累了丰富的管理实践经验之后,在其著作《什么是战略:摩根士丹利所推崇的商业战略思想》一书中,发展了波特教授对战略的定义,并试图加强对企业实际应用的指导作用。该书延续了他于1972年发表在《广告时代》上的《定位时代》一文和专著《定位》的思想,提出战略就是生存之道、战略就是建立认知、战略就是与众不同、战略就是打败对手、战略就是选择焦点、战略就是追求简单、战略就是领导方向、战略就是实事求是,对战略的含义赋予了便于实践的阐释。

面对复杂的新经济时代,企业家们面临着诸多难题亟待解决,在VUCA的时代中,企业家面临着如何看清企业未来方向的困惑:业务如何发展?新的商业模式如何建立?产业如何转型?企业的优势在哪里?业绩停滞已经二三年了,该如何突破?同业竞争越来越激烈,又该如何突围?

答案就是重塑战略,理清未来的价值是什么,拥抱科技、拥抱变化、拥抱创新,而各种新经济业态和新技术应用,就是未来的方向,只有全部投入到这些新的业态和技术应用中,才可能有未来的二次成长。

在分析完企业发展的可能性与可行性之后,需要回归到企业的经营哲学,即企业的使命(企业为什么存在)、愿景(企业要达到的理想状态)和价值观(企业在经营管理中要恪守的原则),以此来统领团队的战略思维认知。

2.1.1 战略工具的选择

在客户进行战略制定的过程中,无论是咨询顾问还是客户本身都需要进行影响客户因素的专业分析，战略分析便是对于客户战略制定中的影响因素进行分析。

1. 常用的战略咨询工具

常用的战略咨询工具如图 2-1 所示。

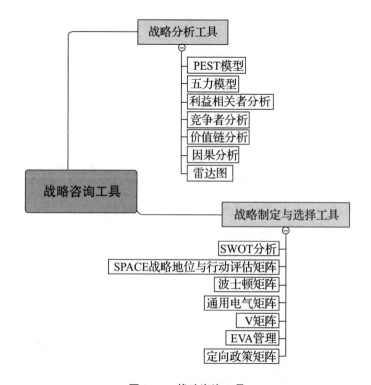

图 2-1　战略咨询工具

（1）分析外部环境：用波特的五力模型和 PEST 模型。

①波特的五力模型：五力模型确定了竞争的五种主要来源，即供应商和客户的讨价还价能力，进入/退出壁垒，替代品的竞争能力以及来自同一行业的公司间的竞争强度（见图 2-2）。这五种力量综合起来影响着产业的吸引力以及现有公司的竞争战略决策。

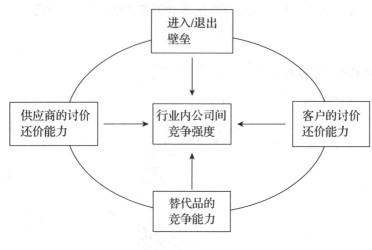

图2-2 五力模型

②PEST模型：对宏观环境因素做分析，不同行业和企业根据自身特点和经营需要，分析的具体内容会有差异，但一般都应对政治（Political）、经济（Economic）、社会（Social）和技术（Technological）这四大类影响企业的主要外部环境因素进行分析（见图2-3）。

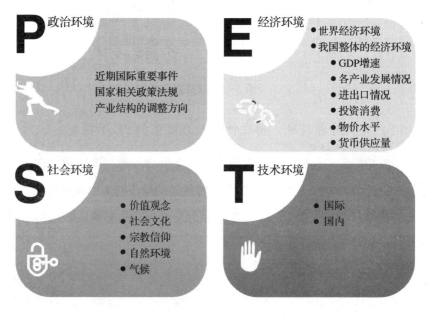

图2-3 PEST模型

仔细看下，PEST 模型是从宏观大势来分析，而波特的五力模型是从行业层面分析公司的外部竞争。用这两个工具，就像是拿到了一架望远镜，可以从远到近，从宏观到微观来近距离观察。

（2）分析内部战略选择：用波士顿矩阵、通用电气矩阵和 SWOT 分析。

①波士顿矩阵：通过需求增长率和市场占有率两个因素的相互作用，会出现四种不同性质的产品类型，形成不同的产品发展前景，分别是 A. 需求增长率和市场占有率"双高"的产品群（明星型产品）；B. 需求增长率和市场占有率"双低"的产品群（瘦狗型产品）；C. 需求增长率高、市场占有率低的产品群（问题型产品）；D. 需求增长率低、市场占有率高的产品群（现金牛型产品），如图 2-4 所示。

图 2-4 波士顿矩阵

②通用电气矩阵：在波士顿矩阵的基础上，通用电气矩阵用竞争力代替了相对市场占有率，用产业吸引力代替需求增长率，竞争力分为强、中、弱，产业吸引力分为高、中、低，这样就把波士顿矩阵中 2×2 的四象限矩阵拓展为 3×3 的九宫格，然后选择相应的发展战略、保持战略和放弃战略（见图 2-5）。

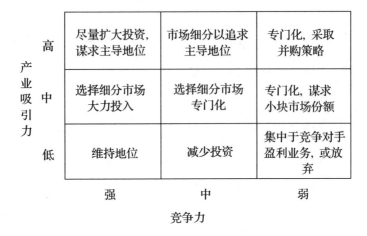

图 2-5 通用电气矩阵

③SWOT 分析：S（Strengths）是优势、W（Weaknesses）是劣势、O（Opportunities）是机会、T（Threats）是威胁。按照企业竞争战略的完整概念，战略应是一个企业"能够做的"（即组织的强项和弱项）和"可能做的"（即环境的机会和威胁）之间的有机组合。一个手机市场的SWOT分析例子，如图2-6所示。

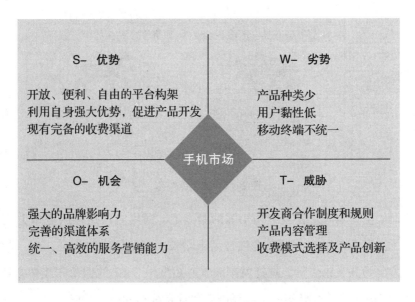

图 2-6 SWOT 分析

波士顿矩阵和通用电气矩阵是从今天和未来的"产品"的角度,看待企业的战略发展。而 SWOT 分析是公司从外部环境和竞争对手"能力"的角度,看企业的战略选择。

利用这三个工具,分析采取什么样的应对策略是最重要的。

(3) 平衡短期利益和长期利益:用平衡计分卡。

平衡计分卡是从财务、客户、内部运营、学习与成长四个角度,将组织的战略落实为可操作的衡量指标和目标值的一种新型绩效管理体系。设计平衡计分卡的目的就是要建立"实现战略指导"的绩效管理系统,从而保证企业的战略得到有效的执行(见图 2-7)。

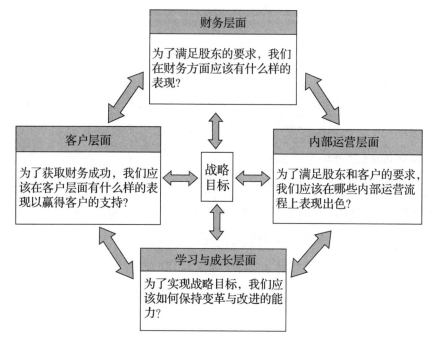

图 2-7 平衡计分卡

企业经营者的格局很重要,不仅要注重短期利益,更要把眼光放长远,把公司的愿景和战略融入每个员工的日常工作中。

（4）战略分析工具的底层基石：MECE 原则。

MECE 是 Mutually Exclusive Collectively Exhaustive 的缩写，中文意思是"相互独立，完全穷举"，也就是对于一个重大的议题，能够做到不重复、无遗漏地分类，而且能够借此有效把握问题的核心，并成为有效解决问题的方法（见图 2-8）。更多介绍请参考 2.4.2 小节。

图 2-8　MECE 原则

2. 在中国商业环境下打造大公司的思维框架——ECIRM 战略模型[一]

和君咨询公司在完成 100 多家中国企业战略咨询的基础上，系统研究了欧美典型的大公司和中国本土大企业的成长经验，然后总结提炼出一个在中国商业环境下如何造就大公司的一般模式，我们称之为"ECIRM 战略模型"。在 ECIRM 战略模型中，E（Enterpriser）是企业家，C（Capital）是资本，I（Industry）是产业，R（Resource）是资源，M（Management）是管理，它们共同构成大公司战略不可或缺的五个要素或五个维度，共同耦合成为一个以企业家精神和企业家能力为核心的大公司战略模型（见图 2-9）。

这是一个在中国商业环境下如何造就大公司的基本框架，是一个致力于打造大公司的企业家必须确立的系统经营思维。一个持续地致力于五个方面均衡

[一] 王明夫. ECIRM 模型：造就中国大公司的战略与逻辑 [EB/OL]．[2014-05-14]．http：//www.hejun.com/thought/original/201405/828.html．

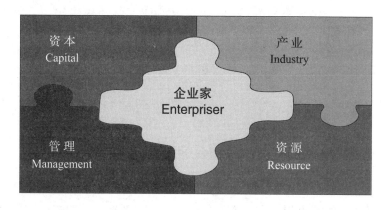

图 2-9 ECIRM 战略模型

发育和发展并能做到五者之间功能耦合和系统协同的企业，可望最终发展成为一个大型公司。

套用"木桶短板原理"，可以形象地解释这五个战略要素之于公司整体的意义，即一个木桶究竟能盛多少水，不取决于箍成木桶的大多数木板的高度，而取决于最短那块木板的高度。如果我们把打造一个大公司比喻为致力于箍制一个盛水容量巨大（价值量）的木桶，那么 ECIRM 就是箍制这个木桶不可或缺的五块木板。五者之中，任何一个方面或多个方面的发展被忽略或者出现功能失灵，"木桶短板原理"的效应就会凸现，这样的公司永难成为真正的大公司。

正是基于对中国企业生存环境的这种理解，和君在长期从事企业战略咨询的反复探索和经验观察的基础上，提出了公司战略的 ECIRM 模型。ECIRM 模型，实质上是和君跳出企业日常运营的视野局限而专为中国公司的成长进行量身配置的一个"结构"，它是重结构的，而不是以运营为重心的。这个"结构"要求，必须从企业家、资本、产业、资源和管理这五个维度去对企业的生存和发展做出系统安排和思考。一个企业的成长前景取决于这个结构的完整性、协同性和规模量级。普通生意人，总是汲汲于供研产销的过程运营；而真正的大公司或真正有志于做大公司的公司，必须致力于系统地构建起一个要素完整、量级充分、运行协同的 ECIRM 结构。凡是不能构建起这样一个完整结构的公司，都注定不能成为一个真正的大公司。

2.1.2 产业政策研究

1. 从国家政策大方向、战略方向去分析一个行业的前景

分析一个行业，首先就要看国家的政策大方向，这个行业所处的大环境。例如，党的十八大明确提出了全面深化改革的战略部署，推动战略性新兴产业、先进制造业健康发展。因此与改革密切相关的战略新兴产业将长期受益，前景广阔，比如绿色能源、节能环保、环境治理、5G、智能设备等相关产业。我们看一个行业，一定不能抛开这个行业所处的政策环境。"站在风口浪尖上，猪都会飞。"就是这个道理。多关注国家发改委官网、国家产业政策网站、人民网及各大财经网站，了解国家的一些产业政策。

2. 看这个行业的规模

关注一个行业，也要思考这个行业的规模。行业圈子越大（如服装、医药），意味着这个行业可以深入扩张，你的选择机会就越多，在这个行业有越多的发展机会。行业越小，一旦离开某个公司，或者某个地区，选择机会就越少。

判断一个行业的规模，可以看这个行业所服务的用户群，是大众用户还是某一类特殊用户群；可以看这个行业是否有地域限制；还可以看这个行业的产值规模，一般有机构公布相关数据。

3. 看这个行业现在所处的发展阶段

大部分行业都会经历起步、成长、繁荣、稳定、衰落等几个发展阶段，很少有行业能够经久不衰。快速成长期和繁荣期是一个行业的黄金时期。例如，移动互联网处于成长期，PC 互联网处于繁荣期和稳定期。现在如果要你选择从零开始进入这两个行业，你会选择前者，还是后者？

4. 看这个行业的上市公司股票走势及一些相关经济指标

股价是行业景气度的先行指标。上市公司的股价走势一定程度上反映了这个行业未来的景气度。这些相关的数据和经济指标，可通过股票软件或国家统计局官网等查找到。另外，某些行业可通过一些经济指标来反映行业的景气度，比如有色金属行业可通过美元指数走势来反映；发电量的变化一定程度上反映了制造业的景气程度；房屋销售情况数据，可以反映出与之相关的家居装饰、建材等行业的增长情况。

5. 通过这个行业的龙头公司及行业顶尖人物的言论来分析

了解一个行业，要了解这个行业的龙头公司有哪些，以及有哪些关键人物。多关注他们的一些演讲及在公开场合的发言、微博发帖及博客更新。因为他们在这个行业具备一定的话语权，他们的一些看法往往代表了这个行业的发展方向。

例如，在电子商务领域最重要的公司有阿里巴巴、小米、京东等几家，多关注这几家公司的管理者，他们的关注点就反映在他们的一些言论上，就是关于电子商务的未来发展方向。

2.1.3 宏观政策分析

1. 国际形势[⊖]

"全球经济遇到的风险和困难逐步增多，主要经济体增长放缓、通胀上升，紧缩货币政策周期开启。美国对全球的贸易保护主义正在抬头，频繁对中国、欧盟等国家和地区发起贸易争端，扰乱了正常的国际贸易秩序。从经济短周期的角度，美国经济增长较为平稳，同时保持了渐进加息的态势，资金从新兴市场国家向美国流动的态势较为显著。

[⊖] 闫坤. 我国宏观经济与财政政策分析（2016–2017）[M]. 北京：中国社会科学出版社，2018.

风险的一面，我们应该看到美国推行的贸易保护主义使得地区间的贸易摩擦升级，干扰了全球经济的复苏态势，不利于经济形势和金融市场的稳定。同时，欧洲经济基本面较为疲弱，经济复苏的动能减缓，虽然'脱欧'等政治风波已经缓和，但货币政策紧缩的速度较为迟缓。日本经济增长较为平稳，景气度有所提升，货币宽松延缓。新兴市场经济体，特别是外部融资较多，外汇储备脆弱的经济体上半年波动较大，风险集聚较多。因此，整体来看，2018年上半年全球经济形势较2017年有所弱化，我国面临的外部环境不利因素增多。"

2. 国内形势

国家统计局服务业调查中心和中国物流与采购联合会发布的数据显示，2018年7月，中国制造业采购经理指数（PMI）为51.2%，比上月回落0.3个百分点，但已连续24个月位于荣枯线⊖上方（见图2-10）。从构成制造业PMI的5个分类指数来看：生产指数为53.0%，低于上月0.6个百分点，仍处于景气区间，表明制造业生产保持扩张，增速有所放慢；新订单指数为52.3%，比上月回落0.9个百分点，位于临界点之上，表明制造业市场需求扩张步伐有所减缓；原材料库存指数为48.9%，比上月回升0.1个百分点，仍位于临界点以下，表明制造业主要原材料库存量有所回落；从业人员指数为49.2%，高于上月0.2个百分点，位于临界点以下，表明制造业企业用工量降幅有所收窄；供应商配送时间指数为50.0%，比上月回落0.2个百分点，位于临界点。

中国非制造业商务活动指数为54.0%，比上月回落1个百分点，连续11个月保持在54.0%及以上的较高景气区间；综合PMI产出指数为53.6%，比上月低0.8个百分点，表明我国企业生产经营活动总体继续保持扩张。

⊖ 荣枯线：就是企业家信心指数，也称为宏观经济景气指数。它是企业家针对本企业所处行业的当前运行态势做出的定性判断，以及对未来发展变化做出的定性预期。如果是50%以上，代表多数企业家看好经济的发展趋势；50%以下，就是不看好。

图 2-10 制造业 PMI 指数

自 2018 年下半年以来，面对复杂、严峻的国际形势和艰巨、繁重的国内改革发展稳定任务，我国坚持稳中求进的工作总基调，坚持新发展理念，深化供给侧结构性改革，大力实施创新驱动，进一步扩大改革开放，不断增强发展内生动力，推动中国经济巨轮沿着高质量发展的航道乘风远航。

2.1.4 产融结合

假设你是一位创业者，你创立了一家企业，这家企业刚起步的时候很小，是小 a。这时候你需要寻找基金公司给你做天使轮、A 轮、B 轮、C 轮的投资，由基金公司投资孵化小 a，小 a 会慢慢成长壮大，成为一个大 A 企业。这个时候，对于创业企业大 A 来说，未来的出路有两条，一条是走向 IPO（首次公开募股），就是最后成为上市公司，另一条是可能 IPO 不合算，或者走不到 IPO，被上市公司收购实现创业的价值，或者加盟上市公司平台。对基金公司来讲，它对你投资，让你的小 a 壮大以后，以合适的方式退出从而实现投资收益。

在创业企业小 a 创业和成长的过程中，上市公司扮演什么角色？它们是行业的过来人，比较了解公司在经营管理上会碰到哪些问题，而这些对基金公司来讲是不熟悉的，基金公司只会给小 a 钱以及其他一些指导。小 a 在经营中遇到的具体问题，上市公司会比较了解，如果它们能介入，一起孵化小 a 的成长，对小 a 长成大 A 是有帮助的，因此创业者如果能有上市公司的关系是比较好的。这就是 FLA 模型（见图 2-11），F 代表基金公司（Fund），L 代表上市公司（Listed Company），A 则代表创业企业。

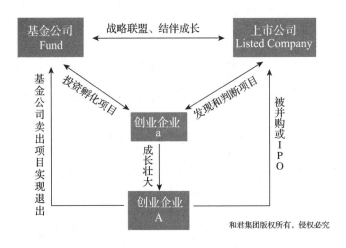

图 2-11 和君商学的原创思想与方法论：创业企业成长的 FLA 模型（来源：和君集团）

为什么要成立一支行业基金呢？回到 FLA 模型之中。有很多的小 a 创业企业，它们的成活概率是非常低的。因此，上市公司要找到风险基金公司去做早期孵化，另外作为一个上市公司，投资一个项目有信息披露的义务，有各种监管要求，方方面面都会受到制约，这个时候可以联手产业基金公司，然后用风险基金公司去孵化一系列公司，当小 a 长到大 A 的时候，上市公司再进入这个目标领域将会是里程碑式的事件。

无论是投资方还是上市公司，还是在小 a 到大 A 路途上的公司，要把整个战略思维放到这个模型里去思考就完整了。否则你的战略思维是有偏差的，片面的。根据我们来自一线的商业实践观察，在上市公司并购投资及与产业基金模式的互动策略上率先布局者，将率先走向未来。

2.2 从战略落实到目标,需做到这几件事

将战略落地是联系企业现实情况的桥梁,是企业实现理想的必经之路。当企业已制定出一个清晰的战略之后,应该按以下步骤来实现战略的落地。

1. 对战略目标进行分解

企业制定出来战略以后,首先需要对战略目标进行分解,将总体目标分解为年度目标,然后再细分到季度、月度目标。将企业战略目标分解到部门目标,然后将目标层层分解到个人。战略目标分解使得企业各部门各层次人员对企业的战略有了清晰的了解,同时也明确了个人目标,将员工的奋斗目标与企业战略目标紧密地结合起来。

战略目标的分解可以借助于战略地图和平衡计分卡,战略地图和平衡计分卡是指导企业落实战略的最重要的工具。在绘制战略地图时,必须包括财务、客户、内部流程和学习与成长四个维度,然后将战略目标分别纳入四个维度中,形成战略地图的雏形。之后通过对战略地图中分布于不同维度的这些战略目标进行因果和支撑关系的分析,进一步筛选和补充相应的战略目标,并通过连线显示它们之间互相的关联性,最终为企业建立一个系统性的战略组合(见图 2-12)。

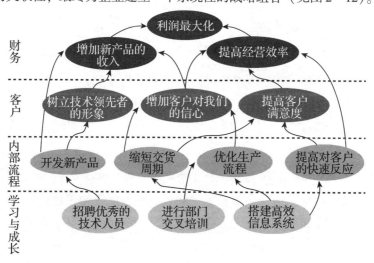

图 2-12 战略地图模型

2. 制定战略实施计划

战略实施计划是企业为实施其战略而进行的一系列重组资源活动的汇总。通过有规划的战略行动，企业将一步步向着战略目标前进，并最终实现目标，因此战略实施计划对于战略是否能够成功实现具有相当重要的意义。

很多企业的战略执行就像空中楼阁，没有设置专门的部门及人员岗位负责。大部分的员工只会为自己的 KPI 而努力，战略执行的效果就可想而知了。企业需要加快成立负责战略执行的部门及岗位，找到合适的人员落实系统工程。

2.2.1 应该由一个部门全程负责，从组织目标到部门目标再到个人目标设定

理论上，根据企业规模大小的不同，应该由不同的部门负责将目标层层分解，最终到个人，如集团化管控的企业应该由战略规划部负责，上规模的企业应该由总裁办负责，初具规模的企业应该由人力资源部负责。企业在实际管理中，未必能如此一一对应，但应该由某一个部门从顶层目标开始依次层层分解到个体。

国内目前化战略目标为行动的工具，主流是采用平衡计分卡来进行战略目标的执行分解。

平衡计分卡是从财务、客户、内部运营、学习与成长四个角度，将组织的战略落实为可操作的衡量指标和目标值的一种新型绩效管理体系。设计平衡计分卡的目的就是建立"实现战略指导"的绩效管理系统，从而保证企业的战略得到有效的执行。因此，人们通常认为平衡计分卡是提高企业战略执行力的最有效的战略管理工具。

成功执行战略的三个要素是：第一要素，描述战略；第二要素，衡量战略；第三要素，管理战略。**这三个要素的逻辑关系是：如果你不能描述，那么你就不能衡量，如果不能衡量，那么你就不能管理。三个要素的关系是：突破性成

果＝描述战略＋衡量战略＋管理战略。

罗伯特·卡普兰（Robert Kaplan）与大卫·诺顿（David Norton）共写了三本书：《平衡计分卡：化战略为行动》《战略中心型组织》《战略地图：化无形资产为有形成果》，图2-13展示了这三本书之间的关系。他们认为在当下的商业环境中，战略从来没有显得这样重要过。但研究表明，大多数企业仍不能成功地实施战略。在繁多的记录背后隐藏着一个无法否认的事实：大多数企业仍然在使用专门为传统组织而设计的管理流程。

图2-13　平衡计分卡理论体系

在我辅导过的央企、国企、民营企业前100强及民营高校中对战略目标的分解，都在用平衡计分卡来执行，而且从公司层面的组织目标，分解到事业部目标，再分解到部门目标，这项工作是由战略规划部在负责。而对员工的个人考核，则由人力资源部在负责。让人觉得挺奇怪的是，为什么没有一统到底呢？而且这种现象具有一定的普遍性，也就是说，当年国资系统将平衡计分卡作为一个推广的工具，要求在目标设定时有战略的高度，考虑四个维度（财务、客户、内部运营、学习与成长），并与KPI相结合落地执行，在所有国资系统的企业进行了普及，而民营百强企业又借鉴了这套做法，因此平衡计分卡就被推广了。一方面，平衡计分卡的战略目标分解只分解到部门或二级子公司层面，没有细分到全员，因为分解不下去。另一方面，HR对员工的绩效考核用的是

KPI，KPI 有一个鲜明的特征是量化，不能量化的就不纳入考核指标，而作为战略目标的很多内容是无法量化的，尤其是管理变革、创新、学习与成长、团队组建等，这些内容由于之前没有人做过，也就无法进行精确的衡量，因此无法考核。这就导致 HR 在设定绩效考核时，只能选择一些能够量化的指标进行考核，甚至为了考核而考核，造成的结果就是平衡计分卡的目标不能完全落地，也无法形成全部的考核指标。此外，HR 对业务不熟悉，也没有参与业务，更无法提供有效的意见。

战略规划部负责的是组织的目标分解，HR 负责员工个人的绩效考核，考核工具用 KPI。这会出现一个问题，员工是做组织的目标还是做考核自己的 KPI？答案一定是员工只做与考核相关的工作，也就是说，员工会先完成自己的 KPI，完成了自己的 KPI，才会想到组织的目标。而组织的目标由谁来完成呢？主要集中在各部门负责人的身上，因为目标只分解到各部门，至于各部门如何分解，则是由各部门自行分解，战略规划部不再细分了。

那么问题来了，部门负责人承担了本部门的目标任务，如果是业务性指标还比较容易分解到个人，如果是非业务性指标，就很难分解到个人，那就要靠部门负责人来承担。从平衡计分卡细分下来的 4 个维度指标，落实到部门负责人身上，也有 10 多个指标，而工作又不是负责人自己能干得完的，这样就会造成临近考核时，大家都在突击，做各种报表，或到处催其他部门的数据。导致考核工作不是一种常态，而是一场任务，一种形式。

由战略规划部负责细分组织目标，而由人事部负责考核执行时，这样就形成了两张皮，从组织到事业部到部门的目标，但没有落实到员工个人，就会造成中高层忙死，基层茫然，不知道上面管理者在忙什么。造成的结果，就是效率低，目标没有传递到员工个体，个体没有被激活。这也就造成，公司目标没有完成，执行力差。员工只做公司考核的，如果做的工作和考核的不是同一件事，只会造成扯皮、推诿。

根本原因是两个部门的各司其职。因此无论是哪个部门牵头，都应该将组织目标分解到事业部目标——部门目标——个体目标，并纳入考核体系，真正做到上下一致，确保目标能够被贯彻到底，真正形成闭环。

2.2.2 战略规划部与人力资源部联合击穿目标

前面讲到，战略规划部负责组织目标的制定与分解，一直分解到部门，人事部门负责员工的绩效考核。二者之间没有交集，导致的结果就是，**组织的整体目标只分解到部门，并没有落实到员工，员工所做的是绩效考核设定的工作，并不是目标分解后的工作，这就形成了想要做的工作，与考核的工作并不统一的现象**。这种割裂局面，就导致执行不到位，目标不能有效落地。

如果要打通到员工，将目标分解到部门里的每位员工，那就要根据每位员工的岗位职能，以及擅长的技能，进行目标细分。

首先，部门主管承担的绩效目标要在下属身上找到承接点，而不是由部门主管一人来承担，否则会导致下属员工不承担任何压力。这时候，部门主管要梳理每个下属员工的岗位职责，确定下属员工中谁与部门的绩效目标有关（或分析该岗位在部门业务流程中扮演的何种角色），下属员工所承担职责的比例（或下属员工在部门业务流程中扮演角色的重要性）是多少，这样部门的绩效目标就可以分解给下属员工，从而做到上下一一对应。比如营销总监的销售收入额要由多个销售经理来共同承担；如果销售经理需要完成新产品的销售任务，那么销售部门的员工就不能只是销售老产品，同样需要销售新产品。下属员工的目标是上级主管目标的进一步细化和延伸，在进行目标分解时，要把这些细化、相关联的措施都找出来，这样下属员工的绩效目标就更有效地支撑上级主管的绩效目标的实现。再比如营销总监的考核指标是销售收入，销售经理就必须提高销售收入，提高客户满意度；而销售人员则要完成具体的销售收入、开发客户数量、拜访客户数量、服务客户数量、减少客户投诉等指标。越是基层员工，越要通过具体的行为和明确的态度来完成具体的绩效目标，像拜访客户、服务客户等就属于过程性指标（也称为GS行为指标），基层员工每天（每周、每月）的日常行为必须形成对上级主管绩效目标的支撑（见图2-14）。又比如依据客户满意度调查，公司设计了"客户满意度提高10%"的考核指标，那么我们可以为部门设计"交付周期缩短20%"的考核指标，为员工设计"每日计划发货数量增加4%"的考核指标，这样各层指标之间就有了一致性。

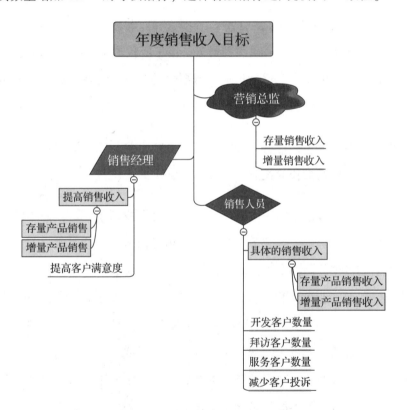

图2-14　年度销售收入目标分解

其次，目标分解必须考虑到员工是否可控。比如利润率指标，通常不是营销总监能完全控制的，这个指标还涉及管理费用、采购成本、损耗成本、生产成本、研发成本等，因而这样的指标就需要由更高层的主管来承担了。像销售收入、销售费用、销售毛利率等指标,营销总监是可以直接控制的。同样像交货期指标因为涉及生产、技术研发、质量管理、供应链、设备技术、能源供应等环节,就不是生产经理所能控制的了,也应该由更高层的主管来承担(见图2-15)。

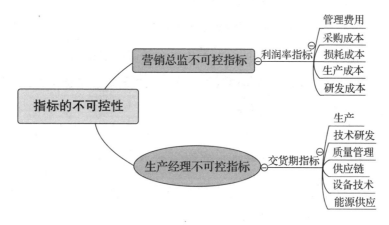

图2-15 指标的不可控性

最后,绩效目标的分解需要上下级之间大量地沟通、研讨、分享信息,指标设计既要突出重点,又要体现管理层级的工作重点,同时还要兼顾可控性、一致性、承接性。透明的公司战略能让每位员工了解公司的发展方向,理解公司战略的真正含义,了解公司期望员工的行为方式,这样员工在日常工作中执行公司的战略目标时,就不会偏离公司战略。在执行绩效的过程中也能自动校正自己的行为使其符合公司规范。通过大量研讨,保证设计绩效指标的合理性、科学性,这样员工承担绩效指标时,不仅知道采用什么策略去完成,还知道将这些策略付诸每周(每日)的具体行动,每个人都为自己的计划而努力工作着,每个人的工作充实而紧张。

当目标能够击穿到达每位员工时,相应的考核指标也要作变更。很多HR在设定KPI时,往往只关注是否量化,是否数值化。但很多工作是不能用量化指标来衡量的。因此在考核指标设计时,要跳出KPI的固化思维。前面讲过，**管理就要可衡量，能量化尽量量化；不能量化，就要细化；不能细化，就要流程化**。按这三个衡量标准，就可以在，目标细分到个人时，找出可衡量的指标。

为了击穿目标，落实到个体，战略规划部要再将目标细分下去，直至所有部门的所有员工。而人力资源部则根据每个员工分解到的目标任务，根据量化、细化、流程化的原则，指导各部门制定出每个员工的考核指标，这样的联手，就能真正解决目标分解，并将其落实到个人，上下同欲，击穿落地，这样的执行才能真正激发出强大的活力和战斗力。

2.2.3 将组织目标一直分解到底层部门

将组织目标分解到部门时，通常纵向一致可以通过职责矩阵分析表（见表2-1）来完成。可以从部门的关键职责/产出，寻找部门产出中能够支撑组织目标的关键职责。

表2-1 某组织的职责矩阵分析表

	财务类				业务类				客户类	
	销售额	生产成本	销售费用	管理费用	市场份额	计划制定准确	质量达标	数量达标	客户满意度	内部满意度
总监										
市场总监	√		√	√	√	√			√	
生产总监		√		√			√	√		
研发总监				√				√		
财务总监				√		√	√			
中心经理										
营销中心经理	√		√	√	√				√	
生产中心经理		√		√			√	√		
部门经理										
市场部经理			√	√		√				

(续)

	财务类			业务类				客户类	
	销售额	生产成本	销售费用	管理费用	市场份额	计划制定准确	质量达标	数量达标	客户满意度	内部满意度
产供部经理		√		√		√	√	√		
人力资源部经理				√						√
法务部经理				√				√		√
科研部经理				√		√	√			√
财务部经理				√			√			
行政部经理				√						√
品管部经理				√		√	√	√	√	

因为组织中每个部门都有其存在的理由和价值，营销部门的使命当然是要履行营销方面的工作，生产部门的使命当然是要履行生产方面的工作，技术部门使命当然是要履行技术研发方面的工作，其他部门也是如此。同样，我们就可以把组织目标分别分解到相关部门。比如新产品收入比重指标可以分解到营销部门，涉及生产目标的则分解到生产部门。这些目标都是部门关键职责所在，是部门可以直接控制的，从而成为部门的关键绩效指标。

再比如降低运营成本目标，需要分解给多个部门（见图2-16）。如何把这样的目标分解到各部门，就需要认真审查各部门的职责，看看每个部门的职责中有无此项工作内容。

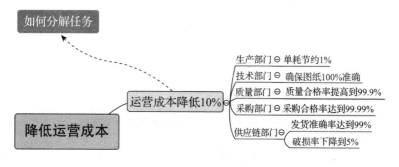

图2-16　目标分解——降低运营成本

从生产部门职责、技术部门职责、质量部门职责、采购部门职责、供应链部门职责中，我们都可以找到跟运营成本有关联的职责。确定了部门以后，再确定各部门在这个目标中承担什么样的责任。

把目标落实到各部门后，还需要确定各部门目标是否实现了横向协同，价值创造的方向是否一致，各部门能否相互支持和配合。如果各部门的目标相互冲突，造成严重内耗，这样的目标分解就不能保证组织战略目标的完成。

横向协同则可以通过内外部客户需求分析表来完成。在当今强调以客户为中心的时代，客户的需求就是目标，实现和满足客户的需求，就是在创造价值，内部客户也是客户。如图2-17所示为价值链模型。价值链中下游部门要求什么样的服务，上游部门就应该提供相应的服务。各部门和平行岗位就是在价值链上下游的各个环节中创造不同的价值，每个环节所创造的价值方向要一致，最终满足客户的价值需求。

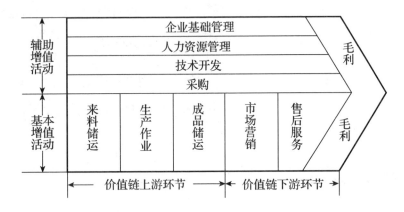

图2-17 价值链模型

2.2.4 防止部门目标自行分解，导致缺失整体性和系统性

战略规划部对组织目标进行分解，层层分解到各事业部、各部门，在整个

目标分解的过程中，战略规划部是牵头主导部门，相对而言，将目标分解到二、三级部门还是比较容易的，因为二、三级部门最多也就几十个，但一旦由部门分解到员工，这个工作量就很大了，战略规划部很难有精力顾得上，常就把分解目标的任务放给了最基层的部门了。而问题也就在这里，从组织目标层层分解到二、三级部门，相对还是比较成体系的，但由部门再分解到个人时，如果战略规划部放手，可能一下子就放开了，造成各部门的自由主义。等各部门收齐每个人分解的目标，再给战略规划部审核时，面对那么多人的目标分解，战略规划部就会像陷入泥潭一样了。

如何确保战略规划部能够收放自如呢？

答案是，先做好沙盘演练，也就是将二、三级部门的目标，再向下分解到最小单元，分到不能再细分为止，这样所有最后细分的目标就会变成一个个任务，然后再由部门中各岗位的人，以岗位职责、所担任的角色为区分，进行认领。这样就不会造成因为各自理解的角度不同，对目标产生不同的认知，也避免了各自发挥、难以聚焦、重点不突出的问题。

不是所有的目标都能成为 O。

不要简单地以为，将目标层层分解了，就是找到了 OKR 的 O 了，在上一本我所写的《目标与关键成果法：盛行于硅谷创新公司的目标管理方法》一书中已提出，目标≠O，只有有野心有挑战的目标才是 O。那为什么要把目标全部分解到最小单元？因为"不谋全局者，不足谋一域"，只有胸有全局，才会有高格局，才能配上有野心、有挑战的 O。

2.2.5 员工个人绩效应涉及组织目标，不能只有 KPI

现实工作中，很多公司没有将公司的整体战略目标有效传达到员工层面，产生这种结果的原因有两个方面。一方面是前面讲到的目标分解在央企、国企、大型民营企业是由战略规划部只分解到部门，没有击穿到员工层，另一方面是在公司高层管理者的顶层设计中，大多只关注业绩指标和 ROE（净资产收益率）增长率，因此就造成大多数央企、国企在制定目标时，很少考虑团队成长、创新发展、业务模式创新，等等。

KPI 是为了让工作各环节都被关注到，并且监控到各项数据，以便进行分析，就像财务报表一样，只是经营数据的反映而已。**真正能够解决企业经营问题的是提升经营业绩，还是要落实在"公司战略、组织设计、商业模式、产品、投融资、团队组织"等方面。**而这些就需要公司的组织目标，通过层层分解落实到部门，再将本部门的目标不断细分到最小单元，直到无法再细分，然后再按本部门各岗位的职能和职责，分解到相关责任人，形成考核指标。

过去，因为部门目标没有击穿到个体，所以考核就只能是一些基本面的 KPI 考核，与员工的全部工作不能形成紧密的关联。现在，部门目标能够细分到每个岗位，这样当由目标能转化为每个岗位的具体任务时，考核也就变得更加有效，而目标的执行，则通过任务的形式分解到每个岗位，就使得考核可以有效结合到工作目标的执行。

2.3　目标分解的 3 种思维误区

目标分解中常用的 3 种思维是：**流程化思维、职能化思维和时间化思维**。在 MBO 和 BSC 管理的时代，这 3 种思维模式，作为目标分解的思维，再配合鱼骨图、思维导图等工具，非常流行。这 3 种思维，都有一个共性——线性思维。

线性思维的一大特点就是：把问题相关的方面进行顺次排列，进行一对一的衔接。线性思维往往是一步一步推演问题的，认为事物是按照无二的顺序性或者逻辑性发展变化的。

线性思维的方式，首先是容易让我们陷入局部，不能从更广阔的角度理解世界。更重要的是，陷入线性思维的人，其实是在和计算机竞争。而今天，计算机对知识的采集、存储、检索能力，人类早已望尘莫及。

为了更好地理解线性关系和非线性关系，借用大前研一所著《思考的技术》一书里的一个例子进行说明：假设在微风的状态下，一个苹果从树上掉落，套用万有引力定律，我们可以计算苹果掉落的速度及方位，这里的苹果和重力是一种线性关系。同样在微风的状态下，一片树叶从树上掉落，套用万有引力定律是无法得出树叶掉落的速度和方位的，因为树叶掉落的速度和方位会同时受风力的大小、树枝形状、树叶形状等因素的影响，这里的树叶和重力是一种非线性关系。

再比如银行存款，存款越多，利息收入越高，存款和利息收入是线性关系。如果换做股票投资，投入资金越多，收益不一定越高，也有可能亏得越多，股票的资金和收益就是典型的非线性关系。

大前研一在《思考的技术》一书里还提到一个例子：政治学家、经济学家皆为线性思维，他们认为"提高利率会使经济更为低迷"。但是从克林顿时代开始，美国持续提高利率，经济却持续复苏。日本为了抑制通货紧缩而不断提高货币供应量，结果导致更多的货币流向美国。

市场是个复杂的系统，经济的增长和衰退不是由单一因素决定的，往往涉及数百个变量，而且时间的函数随时随地都在变化，所有答案绝对不是唯一的。

线性思维就是套用公式、照搬理论，在既定的条条框框里面思考。而非线性思维则根据场景灵活变通，跳出既有框架进行思考。 遇到复杂问题，过往的知识和经验有可能成为限制自己的条条框框，我们只能刻意提醒自己不要轻易下结论，具体问题具体分析，多尝试不同的角度进行思考。

线性关系存在于理想世界中，非线性关系存在于现实世界中。大千世界是非线性的，动态变化的。摆脱线性思维的限制，需要我们认清现实世界的复杂性，不断打破思维惯性。

2.3.1 目标分解的流程化思维

在我们的实际工作中，很多事情都可以通过流程化思维来帮我们梳理。可以通过一个用户在产品上的完整使用流程去判定我们可以在哪些环节上下功夫；可以通过画出一个运营活动的流程图去罗列各个环节应该做的事，应该分配的资源，应该监测的数据，等等。

流程化思维就是用草纸或思维导图等工具画出做事的完整流程，这样可以做到思路清晰，逻辑清楚，并且可以保证思维在不脱离主线的基础上拓展。例如，人事部工作流程图如图 2-18 所示。

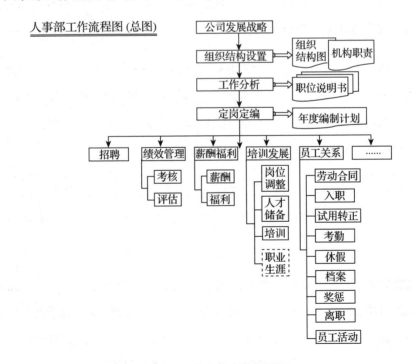

图 2-18 人事部工作流程图

作为流程而言，一旦设定后，就会相对固化，而人们一旦从心里接受后，就会产生惯性思维，一切都按流程的设定进行，是流程约定的，就必须遵守。常规流程可以保证日常的工作都有序进行，因此就会形成路径依赖，进而就很难走出固化的思维模式。

而 OKR 则不是，因为 OKR 是要设定有挑战性的目标，目标设定就要与众不同，所以 OKR 的 O 在分解时，就不能按流程化的思维进行目标分解，否则很难跳出固有的条条框框，也就不会有可挑战性。

如对 HR 的工作，就要找出哪些工作是已做过的，哪些工作是还没有做过的，O 就是要做从没做过的，这样才能有挑战性。例如，招聘难是企业面临的很大的挑战，那就要设计有挑战的 O，如建立公司专用人才库、发起专项技术论坛或峰会、进入专业人士的微信群等，就是突破了常规招聘的手段（线上招聘网站、找猎头、内部推荐、朋友圈发帖、现场招聘会、校招）。

2.3.2 目标分解的职能化思维

职能化思维是指将与某一项工作有关的各部门的职能联系在一起，做好这项工作，需要相关部门的配合才能完成，明确各个职能部门的职责及要承担的责任，并指定项目负责单位（或负责人），确保各司其职，以保证该项工作的实现。例如，人才培养目标，涉及培训部门和人力资源部门以及各业务部门（专业训练）。为了使人才培养获得尽可能好的整体效果（费用的投入要少，人才培养的数量要尽可能多，质量要尽可能好），协调各部门的相互关系极为重要。

按职能分解，就是要有各部门通力合作才能完成的工作。表 2-2 展示的

表2-2 职能分配表

ISO9001体系要求 \ 职能部门	总经理	管理者代表	IT信息技术中心	质量管理部	人力资源行政中心	A-BU事业部	运营中心	订单商务部	物流部	运营采购部
4.1 总要求	▲	▲	△	△	△	△	△	△	△	△
4.2.1 总则	△	▲	△	△	△	△	△	△	△	△
4.2.2 质量手册	△	▲	△	△	△	△	△	△	△	△
4.2.3 文件控制	△	△	△	▲	△	△	△	△	△	△
4.2.4 记录控制	△	△	△	▲	△	△	△	△	△	△
5.1 管理承诺	▲	△	△	△	△	△	△	△	△	△
5.2 以顾客为关注焦点	▲	△	△	△	△	△	△	△	△	△
5.3 质量方针	▲	△	△	△	△	△	△	△	△	△
5.4.1 质量目标	▲	△	△	△	△	△	△	△	△	△
5.4.2 质量管理体系策划	▲	△	△	△	△	△	△	△	△	△
5.5 职责、权限与沟通	▲	▲	△	△	△	△	△	△	△	△
5.6 管理评审	▲	△	△	△	△	△	△	△	△	△
6.1 资源提供	▲	△	△	△	△	△	△	△	△	△
6.2 人力资源	△	△	△	△	▲	△	△	△	△	△
6.3 基础设施	△	△	▲	△	▲	△	△	△	△	△
6.4 工作环境	△	△	△	△	▲	△	△	△	▲	△
7.1 产品实现的策划	△	△	△	△	△	▲	△	△	△	△
7.2 与顾客有关的过程	△	△	△	△	△	▲	△	▲	△	△
7.4.1 采购过程	△	▲	△	▲	△	△	△	△	△	▲
7.4.2 采购信息	△	▲	△	△	△	△	△	△	△	▲
7.4.3 采购产品的验证	△	▲	△	▲	△	△	△	△	△	▲
7.5.1 生产和服务提供的控制	△	△	△	△	△	▲	▲	▲	▲	△
7.5.2 生产和服务提供过程的确认	△	△	△	△	△	▲	▲	△	△	△
7.5.3 标识和可追溯性	△	△	△	△	△	△	▲	△	▲	△
7.5.4 顾客财产	△	△	△	△	△	△	△	▲	▲	△
7.5.5 产品防护	△	▲	△	△	△	△	△	△	▲	△
7.6 监视和测量设备的控制	△	▲	△	△	△	△	△	▲	△	△

（续）

ISO9001体系要求 \ 职能部门	总经理	管理者代表	IT信息技术中心	质量管理部	人力资源行政中心	A-BU事业部	运营中心	订单商务部	物流部	运营采购部
8.1 总则	▲	△	△	△	△	△	△	△	△	△
8.2.1 顾客满意	△	△	△	△	△	▲	△	△	△	△
8.2.2 内部审核	△	▲	△	▲	△	△	△	△	△	△
8.2.3 过程的监视和测量		△	△	▲	△	△	△	▲	△	△
8.2.4 产品的监视和测量		△	△	▲	△	▲	△	▲	△	△
8.3 不合格品控制		△	△	▲	△	▲	△	△	△	△
8.4 数据分析		△	△	▲	△	△	△	△	△	△
8.5.1 持续改进	△	▲	△	△	△	△	△	△	△	△
8.5.2 纠正措施		△	△	▲	△	▲	△	▲	△	△
8.5.3 预防措施		△	△	▲	△	△	△	▲	△	△

注：▲为主要职能，△为次要职能。

"ISO9001质量体系"是一个贯标文件，按不同的职能部门列出各自在标准体系中要做什么工作，担当主要职能还是次要职能的分工，各司其职，通过职责分工来分解目标，而职责是在岗位设定时就已明确的。且不说目前大多数企业对贯标并不重视，就是这种工作分配方式，很难取得有突破性的成就，只是日常工作。

以贯标为例，什么才是有挑战性、有突破的工作呢？应该是贯标总的质量目标，如"实现质量少于万分之一的投诉、实现六西格玛、上线BUG（漏洞）少于5个"，这些目标要有比之前更高的标准，也是业内的最高标准，这样才算是有挑战的O。按职能划分，因为各司其职，会造成部门间不主动配合，也不会承担职责以外的工作。

而OKR的目标设定及分解，更加关注目标的可挑战性，既有来自上级的KR作为自己的O，还有可以自己提出的O，正是因为有上下级O的结合，可以让每个员工都有机会做自己想做的事，从而使得OKR更具有激励的作用。

2.3.3 目标分解的时间化思维

目标与时间是紧密联系在一起的。为了实施有效的控制，掌握目标进度，需要把总体目标按照实现它的时间顺序，分解成为不同阶段、不同时间的目标。这就是目标按时间关系分解。如由长期目标、中期目标、短期目标所构成的目标体系就属于这种分解形式。同理，也可能将年度目标分解成为季度目标、月目标或日目标。

按时间分解目标，作为进度来体现，就是甘特图（见图2-19），如果单独用甘特图来分解目标，只是做了进度表而已，并不能对目标是否有挑战性产生影响，因此在目标分解时，不能单独用，可以配套到每个 KR 上，标注每个 KR 的完成节点，而 O 是因为以长期的一年为周期的目标，所以在目标分解中，不建议用甘特图来分解 O。

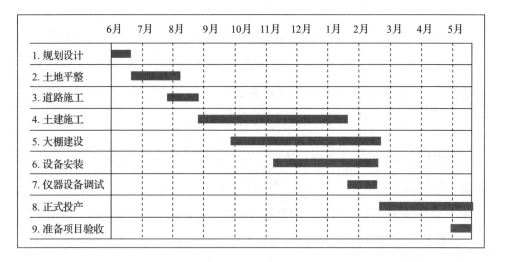

图2-19 甘特图

OKR 在目标设定及分解过程中，是以季度为周期进行的，而 KR 则是每周跟踪，每月总结，每季度评估。因此 OKR 在目标分解和实施过程中，对 KR 还可以随时替换，这就更能体现出 OKR 为了实现目标，而可以不断试错的过程。

流程化是为了提高效率，为了更好地生产产品，但是做着做着，就忘了产品。这个世界，光靠流程和制度做不出好产品。所有创造大价值的人，都具备以下一两个能力：在连续性中看到非连续性；在非连续性中看到连续性。非连续性是指未来的发展趋势不再符合过去发展方向的假设，从而形成一种非连续性的发展路线。

职能化是为了各部门的协同工作，是为了提高效率，但做着做着，就出现了推诿、扯皮的现象，各自为政，非但没有提高协同效率，反而增加了内部的消耗，尤其是次要职能的部门，因为只是配合部门，更多的是被人拉来配合的，对做这项工作并不认为是部门自己的必要工作，所以不会太用心去做事。而在OKR的语境中，设定有挑战性的目标，也还会有60%~70%的成功的可能，所以不用心地做事，是不能被纳入到OKR的体系的。

时间化是为了检验进度，以及阶段性的工作所完成的时间节点，也就是标明产出的时间。做着做着，就会发现有些工作在规定节点是能够完成的。时间节点，是可以由人们掌控的，并不具有可挑战性，在OKR的语境中，可挑战性的工作更多还是聚焦在事上，纯粹地将时间提前，并不能带来工作上的质的变化，因此就不要用时间来分解目标。

㊀这些关键的KPI和流程，能使企业按照既有方向高效运转，却是企业无法灵活快速创新的根本原因。每增加一个执行的流程，就等于增加了一条防止逃逸的绳索，于是企业创新就少一点。而OKR就是要通过非连续性思维，寻求创新突破之道。

㊀ Steve Blank. Why Companies are Not Startups [EB/OL]. [2014-03-04]. https://steveblank.com/2014/03/04/why-companies-are-not-startups/

2.4 击穿组织的目标

在组织对目标进行分解时，一般分为两类，一类是销售业绩目标，这类目标从企业层面的业绩目标开始，按企业业绩目标—主管销售副总的目标—销售总监的目标—销售经理的目标—销售团队每个人的目标这一路径层层分解，最终拆分完成整个企业的业绩目标。还有一类是管理效率目标，此类目标由高层设定几个管理目标或要求，再一路分到分管副总，再到具体负责的部门，至于部门内部如何分解，基本上由部门负责人自行分解了。

这样分解的销售业绩目标，主要是围绕着业绩指标，按惯性思维的方式，根据以往三年的数据，推导出一个增长比例，然后按这个比例进行目标设定，同时销售团队自己报下一年的增长目标，然后再与销售团队进行上下沟通，最后由 CEO 拍板，一锤定音。这样的目标分解，其实都是一个博弈的过程。

对管理效率目标的分解，就很难像对销售目标那样细分了。高层提出了一个管理效率目标，其实从 CEO 到分管副总再到部门负责人，对这个管理效率目标并没有实操过，也没有清晰的概念。这样就只能先领下任务，然后慢慢琢磨，再出方案，再讨论，再修正。所以这样的管理效率目标就很难再细分下去，当一个目标没有细分到最终可以用于评估的结果时，其实这个目标往往就很难执行到位了。

目前无论在民企、央企，还是在外企，在目标分解的过程中，很多企业拿出的目标分解图都是五花八门的，而目标的分解基本上都只是分到二层或三层，没有再细分。

如图 2-20 所示，目标是为了"提高管理水平，打造优秀团队"，围绕着这个目标进行一级目标分解，分解出五个一级目标和分别与一级目标对应的二级目标，如表 2-3 所示。

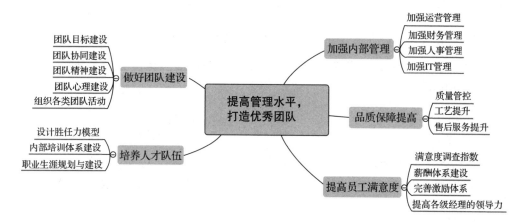

图 2-20 分解"提高管理水平,打造优秀团队"这一目标

表 2-3 一级目标和对应的二级目标

一级目标	二级目标
1. 加强内部管理	1.1 加强运营管理 1.2 加强财务管理 1.3 加强人事管理 1.4 加强 IT 管理
2. 品质保障提高	2.1 质量管控 2.2 工艺提升 2.3 售后服务提升
3. 提高员工满意度	3.1 满意度调查指数 3.2 薪酬体系建设 3.3 完善激励体系 3.4 提高各级经理的领导力
4. 培养人才队伍	4.1 设计胜任力模型 4.2 内部培训体系建设 4.3 职业生涯规划与建设
5. 做好团队建设	5.1 团队目标建设 5.2 团队协同建设 5.3 团队精神建设 5.4 团队心理建设 5.5 组织各类团队活动

目前绝大多数的企业，在目标分解时，都只是分解出部门级目标，然后由部门再自行分解，往往没有具体要求细分到每个岗位。另外在绝大多数企业，**高层管理者已形成了"只要结果，不求过程"的惯性思维**，还以为是抓大放小，充分授权。

长此以往，企业高层管理者只会做决策、提要求，但无法深入具体到业务和管理一线。高层管理者清楚有这样那样的问题，所以对下属提出要求，但下属的认知不具有穿透力，无法给出有高度的意见，因此提出的方案，总是达不到高层管理者的要求和期望，同时，高层管理者自己也不知该如何解决。可见，在这样的环境中，部门目标让各部门自行分解，就会造成目标在向下分解的过程中，不断衰退，最后只能是草草了事。

2.4.1 每个目标用金字塔原理分解到第六层

一直以来由于企业管理层的思维定式，目标只是分解到第二、第三层，然后就交给各事业部、各部门再细分下去，由部门再往下细分到每个员工，没有真正被落实，导致的结果就是目标没有被击穿，散落一地。

绝大多数企业在目标分解的过程中，缺少系统思维和工具应用，造成的结果就是自由发挥，呈现出完全不同的风格，并且存在内容条目之间的交叉、重复、遗漏等问题。在此，我介绍一个有效工具：金字塔原理。

1. 金字塔原理是什么

在芭芭拉·明托所著的《金字塔原理：思考、表达和解决问题的逻辑》一书中介绍了一种清晰展现思路的方法，能够让我们重点突出，逻辑清晰。用一句话说，金字塔原理就是，任何事情都可以归纳出一个中心论点，而此中心论点可由3~7个一级论据支持，这些一级论据本身也可以是一个论点，各自被3~7个二级论据支持，如此延伸，状如金字塔，如图2-21所示。

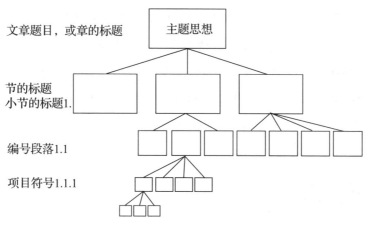

图 2-21　金字塔原理

2. 金字塔原理的基本结构

金字塔原理的基本结构如下：

- 结论先行：每篇文章、每次讲话只有一个中心思想。
- 以上统下：每一层次的思想必须是对下一层次思想的总结概括。
- 归类分组：每一组中的思想必须归属于同一个逻辑范畴。
- 逻辑递进：每一组中的思想必须按照逻辑顺序排列。

先重要，后次要；先总结，后具体；先框架后细节；先结论后原因；先结果后过程；先论点后论据。

自上而下表达，自下而上思考，纵向总结概括，横向归类分组，用序言讲故事，用标题提炼思想精华。

对受众来说，最容易理解的顺序是先了解主要思想，然后是次要的，主要思想从次要思想概括总结得出，文章中所有思想的理想结构必然是一个金字塔结构——一个总的思想统领多组思想。

3. 以人力资源管理为例按金字塔原理分解目标（见图 2-22）

要提高人力资源管理的水平，就要找出人力资源管理涉及哪些功能模块，按教科书的说法，人力资源管理涉及六大模块，即人力资源规划、招聘、培训、绩效、薪酬、员工关系，公司人数规模在不到 500 人时，有可能人事和行政会合并在一起，所以加了一个行政管理，还有一个近几年较为热门的 OD (Orgnization Development) 组织发展。

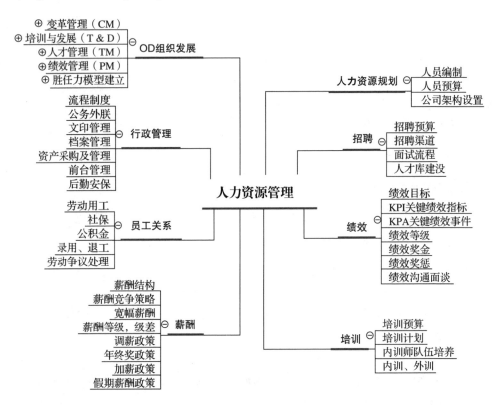

图 2-22 人力资源管理金字塔分解

通过以上人力资源管理六大模块，再加上 OD 组织发展和行政管理，基本上涵盖了企业 HR 所做的全部工作，从体系上来讲是完整的，并且相互独立，具有明显的层次感。但因为篇幅有限，没有办法一一展示出对各模块的穷举，2.4.2 小节会讲解一个分解"绩效"模块的例子。

2.4.2 目标设定要相互独立、完全穷举

1. MECE 原则

MECE[一]原则是由《金字塔原理：思考、表达和解决问题的逻辑》的作者芭芭拉·明托（Barbara Minto）于 1973 年提出的，也是麦肯锡思维过程的一条基本准则。MECE 也就是对问题的分析，能够做到不重复、无遗漏，从而直达问题的核心，并找到问题的解决方法。

所谓的不重复、无遗漏是指在将某个整体（不论是客观存在的还是概念性的整体）划分为不同的部分时，必须保证划分后的各部分符合以下要求：

第一，完整性（无遗漏），指在分解工作的过程中不要漏掉某项，意味着问题的细分是在同一维度上并有明确区分、不可遗漏的；

第二，独立性（不重复），强调每项工作之间要独立，无交叉重叠，意味着问题的分析要全面、周密。

目标设定时要符合 MECE 原则。

2. 以员工流失率为例设定目标

图 2-23 展示了用金字塔原理进行梳理的"员工流失率"，第一层列出了四个维度，分别是：

1.0 招聘；2.0 培训；3.0 薪酬；4.0 绩效。

这四个是影响员工流失率的因素，这四个因素之间彼此独立，相互不重复。然后是第一层的各因素之下，再分出第二层因素。

[一] 芭芭拉·明托. 金字塔原理：思考、表达和解决问题的逻辑 [M]. 海口：南海出版公司，2010.

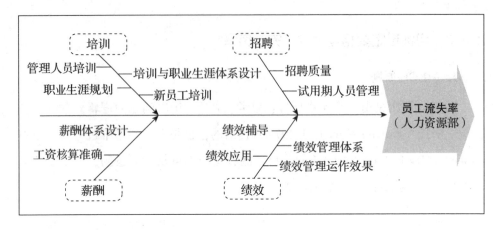

图 2-23 员工流失率目标设定

- 1.0 招聘的子因素是：1.1 招聘质量；1.2 试用期人员管理。
- 2.0 培训的子因素是：2.1 管理人员培训；2.2 职业生涯规划；2.3 培训与职业生涯体系设计；2.4 新员工培训。
- 3.0 薪酬的子因素是：3.1 薪酬体系设计；3.2 工资核算准确。
- 4.0 绩效的子因素是：4.1 绩效管理体系；4.2 绩效管理运作效果；4.3 绩效辅导；4.4 绩效应用。

3. 分解"人力资源管理"的"绩效"模块

绩效是人力资源管理六大模块之一，下面选取"绩效"模块下的"绩效奖金"来展开穷举，如图 2-24 所示。

- 人力资源管理的二级模块——"绩效"模块；
- 人力资源管理的三级模块，"绩效"的子模块——绩效目标、KPI 关键绩效指标、KPA 关键绩效事件、绩效等级、绩效奖惩、绩效沟通面谈和绩效奖金；
- 人力资源管理的四级模块，"绩效"下"绩效奖金"子模块的下级模块——奖金池、奖金分配；
- 人力资源管理的五级模块——公司级奖金池、部门级奖金池和分配规则；

- 人力资源管理的六级模块——研发人员奖金、职能部门奖金、销售人员奖金和高管奖金。

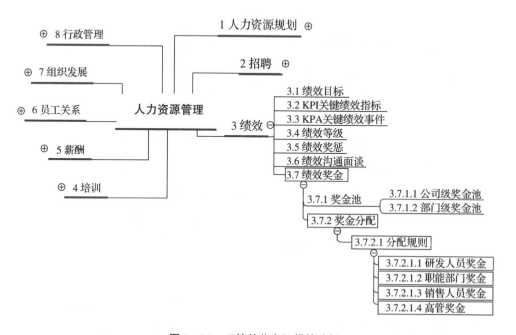

图 2-24 "绩效奖金"模块分解

通过这样的层层击穿，以及穷举到最小单元后，整个目标就全部打通，"绩效奖金"模块工作的整个过程也都十分清晰地呈现出来，"绩效奖金"的最终产出，就是不同序列岗位的奖金分配规则，以及奖金池的来源。

同为"绩效"模块下一级的还有其他 6 个子模块，再把每个子模块细分到六级模块，就能全盘展示出"绩效"模块的全部工作，从而就可以很清晰地定位从总监、经理、主管到专员的工作任务和目标，**凡是没有做过的工作就是可挑战性目标，凡是与公司整体战略规划和年度目标具有强关联性的工作，就是可挑战性目标**。这样作为 OKR 的 O，也就比较容易辨识出来了。

2.4.3 部门负责人承担本部门的目标

之前提到过，目前央企、国企、民营企业 100 强等绝大多数企业，在推行

BSC 和 MBO 时，对组织目标的分解是由战略规划部在牵头，而对员工的个人考核是由 HR 负责，导致的结果是，部门目标没有有效分解到每个岗位，部门负责人要对企业目标的结果负责，同时，部门负责人的考核又归 HR 负责，这样就导致部门负责人处于分裂的状态：既要对企业目标负责，又要对个人绩效负责。对二者都负责，但二者又没有相同性，造成的结果就是，企业的目标并不能被有效执行，而对个人的考核也只是形式主义。

前文讲到，战略规划部要将目标分解击穿到岗位、到个人，而 HR 要将分解到每个岗位的目标与既有的 KPI 结合起来，这样才能将目标真正落实。因此作为部门负责人，就要对本部门的目标负责，同时要运用一切手段，将目标细分到每个岗位，并确保可以执行。这样的目标分解才具有意义。下面以运营部经理为例进行说明，如表 2-4 所示。

表 2-4 运营部经理的 OKR 表

目标分解		目标及关键成果内容描述	完成标准（可量化/可评价）	时间节点	
				开始	完成
目标一（O1）		推进现场基础管理项目（6S+TPM），完成样板厂验收			
1.1	关键成果 KR1	5 月底完成两个样板厂（遵义青山、凯里二污）6S 所有基础工作，6 月底完成验收	5 月底完成两个样板厂（遵义青山、凯里二污）6S 所有基础工作，6 月底完成验收	4 月 1 日	5 月 30 日
1.2	关键成果 KR2	6 月底完成剩余两个样板厂 6S 基础工作，7 月底完成验收，所有非样板厂完成 6S 基础工作	6 月底完成剩余两个样板厂 6S 基础工作，7 月底完成验收，所有非样板厂完成 6S 基础工作	4 月 1 日	6 月 30 日
1.3	关键成果 KR3	完成 6S 管理体系文件	输出 6S 体系文件	5 月 1 日	6 月 30 日
1.4	关键成果 KR4	制定 TPM 导入方案，在 1~2 个厂启动导入 TPM 管理体系（遵义青山、凯里二污）	输出导入方案，完成 1~2 个厂的 TPM 导入	5 月 1 日	6 月 30 日

(续)

目标分解		目标及关键成果内容描述	完成标准 (可量化/可评价)	时间节点	
				开始	完成
目标二(O2)		保证生产安全、稳定、优质运行			
2.1	关键成果KR1	一污总磷控制在0.9mg/L以下,无超标	5月20日前完成工艺方案(加药、脱泥、进水浓度)、一污脱泥机	4月1日	6月30日
2.2	关键成果KR2	5月底前完成一污、二污环保隐患消缺	现场标识标牌	4月1日	6月30日
目标三(O3)		启动智慧水务基础工作			
3.1	关键成果KR1	在两个厂开始基础数据采集(凯里一污、清镇),完成设备信息和现场视频上传手机移动端和业务区总控端	在两个厂开始基础数据采集(凯里一污、清镇),完成设备信息和现场视频上传手机移动端和业务区总控端	4月1日	6月30日
3.2	关键成果KR2	建立现场设备档案,先期启动青山、清镇两厂;探索、拟定二维码设备管理模式方案	建立现场设备档案,先期启动青山、清镇两厂;探索、拟定二维码设备管理模式方案	4月1日	6月30日
3.3	关键成果KR3	争取都匀一期成为集团专家系统试点单位	争取都匀一期成为集团专家系统试点单位	4月1日	6月30日
目标四(O4)		专家小组梳理各水厂工艺、设备问题,制定安全、稳定、优化运行方案			
4.1	关键成果KR1	5月实施凯里五污应急措施运行方案,5月底确保出水达到一级A标	5月实施凯里五污应急措施运行方案,5月底确保出水达到一级A标	4月24日	5月30日
4.2	关键成果KR2	5月底完成凯里一污高密池合理投药量确定	5月底完成凯里一污高密池合理投药量确定	4月1日	5月30日
4.3	关键成果KR3	6月中旬完成各水厂工艺、设备问题梳理及安全、稳定、优化运行方案的制定	制定计划、工作流程、责任分工、问题清单	4月1日	6月30日

运营部经理在第二季度共有4个O,分别是:O1.**推进现场基础管理项目(6S+TPM),完成样板厂验收**;O2.保证生产安全、稳定、优质运行;O3.启动智慧水务基础工作;O4.专家小组梳理各水厂工艺、设备问题,制定安全、

稳定、优化运行方案。

每个 O 有 2~4 个 KR，每个 KR 也都标注了起止时间，其中的 O1 和 O4 在具体实施时就转为运营部安全员的 O1 和 O3，这样 O 就由部门经理传递到部门员工具体的岗位，确保 O 的落地执行。表 2-5 以某个运营部安全员为例进行说明，展示出 O 的传递。

表 2-5　运营部安全员的 OKR 表

目标分解		目标及关键成果内容描述	完成标准 （可量化/可评价）	时间节点	
				开始	完成
目标一（O1）		完成四个 6S 项目，完成样板厂验收			
1.1	关键成果 KR1	5 月底完成两个样板厂（遵义青山、凯里二污）6S 所有基础工作，6 月底完成验收		5 月 10 日	5 月 31 日
1.2	关键成果 KR2	6 月底完成剩余两个样板厂 6S 基础工作		6 月 1 日	6 月 30 日
1.3	关键成果 KR3	7 月底完成验收，所有非样板厂完成 6S 基础工作		6 月 1 日	6 月 30 日
目标二（O2）		完成业务区所有水厂安全对标工作			
2.1	关键成果 KR1	建立健全安全管理规章制度	6 月底完成《贵州业务区安全三级管理体系文件》的编制	4 月 1 日	6 月 30 日
2.2	关键成果 KR2	开展安全月活动	6 月中下旬开展贵州业务区安全月活动，主要形式为有限空间作业比武，应急预案演练	6 月 1 日	6 月 30 日
2.3	关键成果 KR3	安全周、月报表按时上报	每月 3 日之前完成上月安全月报表填报，月报内容完整、真实、准确。每周五 12 点之前完成本周安全周报表的填报工作	4 月 1 日	6 月 30 日

(续)

目标分解	目标及关键成果内容描述	完成标准（可量化/可评价）	时间节点 开始	时间节点 完成
目标三（O3）	6月中旬完成各水厂工艺、设备问题梳理及安全、稳定、优化运行方案的制定			
3.1 关键成果KR1	6月15日前整理调研结果，梳理存在的问题，各部门提出针对性整改意见	最终形成输出问题清单、整改优化方案	6月1日	6月15日
3.2 关键成果KR2	6月底前根据问题清单、整改优化方案具体落实相关事宜	制订计划、工作流程、责任分工、问题清单	6月15日	6月30日

2.5 个人目标与组织目标要形成齿轮咬合

OKR在国外的应用中，强调的是O的设定是由下而上进行的，自己设定目标，这个方法在中国目前的企业管理实践中，是很难适用的。有以下几点原因：

(1) 很多中国企业缺乏目标，极少有企业能够讲清自己的企业是什么样的企业、为谁服务、核心竞争力是什么、未来想要成为什么样的企业、如何达成。至于目标，更多的企业会从财务数字如业绩、利润、回款、成本等方面进行说明。可能处于创业期的企业，会对未来有更多的憧憬和想法，但当务之急，是要想办法生存下去，而生存是要面对残酷的现实，否则，那些情怀、那些理想，未必能等到黎明的那一刻。

(2) 员工对企业的认同度不高，中国目前的企业员工，已开始有"95后"职场新人了，他们普遍喜欢自由，不受约束，经常是一言不合，就可以裸辞的，对他们而言，做自己喜欢的事，才是他们的兴趣所在。

问题是，在成熟规范的企业，未必会照顾到"90后""95后"喜欢的事，更多的是需要他们努力学习，积累经验。而他们喜欢的事，往往又是企业并不关注的，或并不主张的，这就造成二者无法和谐统一。

2.5.1 上级的关键结果是下级的目标

目前在运用 MBO 或 BSC 的国内企业，也都讲目标管理，也都在做目标分解，包括应用 KPI 也是按这个逻辑在分解 KSF[⊖] 直至 KPI，因此在很多时候，我在给企业辅导 OKR 时，遇见许多人会对我说："我们对目标管理很熟悉，我们一直在分解目标，每年年初都要做。"但问题在于，目标每年都要设定，也都要分解，但往往会出现，年初定的目标在年中回顾时，就会发现与年初目标相比，有明显的差距，到年底再回顾时，很多目标都没有完成，但各部门的 KPI 都表现良好，而老板站在整个企业的角度看，可以看出企业整体目标的实现并不理想，但不知道问题出在哪里。

出现这种现象的原因在于无论是 BSC 还是 MBO 或者是 KPI，都存在一个核心的问题：分解的过程缺少思辨性和创新性，另外上级目标与下级分解的目标之间，缺乏紧密的联系，只是为了分解而分解目标。从企业层面的 5 个目标开始分解，到最后分出了 100 个目标，但无法倒推回去，回到最初的那 5 个企业级目标。如果目标分解的过程缺乏逻辑关系，串不起来，是散落一地的珍珠，全部都是孤立的，目标彼此间也就缺乏影响。

在图 2-25 所示的目标分解中，董事长的 O 是"为股东创造财富"，KR1 是"公司 IPO 上市成功"，KR2 是"销售业绩完成 50 亿元"。这个 OKR 的设置很符合董事长的职位，当公司 IPO 上市成功后，自然会给公司市值带来很大提升，而完成 50 亿元的销售业绩，则是作为申报 IPO 的第一步。

⊖ KSF（Key Success Factors，关键成功因素法）就是通过分析找出企业成功的关键因素，然后围绕这些关键因素来确定系统的需求，并进行规划。

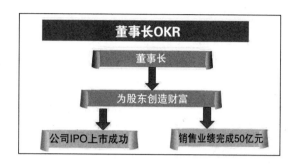

图 2-25　董事长 OKR 分解图

这两个 KR，对于董事长而言，不是自己亲自上阵就可以完成的，因此需要将这两个 KR 分解下去。KR1"公司 IPO 上市成功"就要分给总经理来承担，KR2"销售业绩完成 50 亿元"就要分给销售总监来承担。图 2-26 就是总经理和销售总监的 OKR 分解图，可以看到，总经理的 O 就是董事长的 KR1，销售总监的 O 就是董事长的 KR2，这样就形成了一个紧密的逻辑关系，层层分解，就不会造成散落、无逻辑关系。

同样总经理的 4 个 KR，也要被下级所分解。KR1"融资 5 亿元"可能会被财务总监作为 O，KR2"并购同行"可能会同时被战略投资总监和财务总监共同作为 O，KR3 和 KR4 可能会被财务总监作为 O。

而销售总监的 4 个 KR，也要被下级所分解。KR1"开拓网上商城 2 亿元"，可能会被网上商城销售经理的 O 所分担，KR2"组建两支新的销售团队"，可能会被新成立的两支销售团队的经理所分担，KR3"开拓新的海外电商市场 5 亿元"，被海外市场销售经理所分担，KR4"现有存量市场 45 亿元"，则由现任的销售经理所分担。

从顶层设计到 O 的分解，通过这样层层分解，就能够厘清内部的逻辑关系，从顶层到基层，从上到下都有联动关系。更关键的是，还可以从下向上倒推，回到开始的原点，这样更有助于上下的联动，找到做这件事的初心，不会迷失在当下。

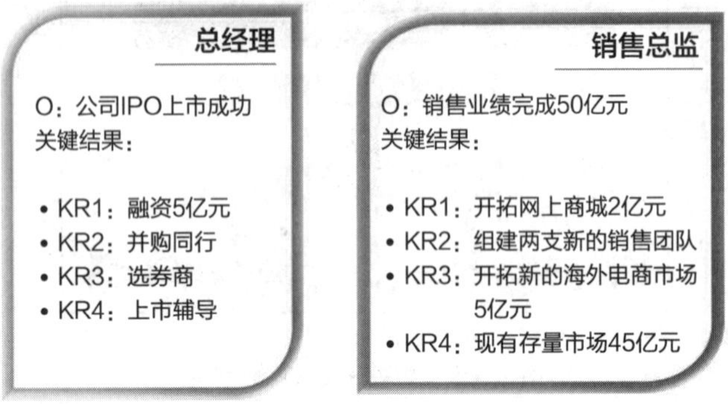

```
┌─────────────────┐  ┌─────────────────────┐
│     总经理      │  │      销售总监       │
│ O：公司IPO上市成功│  │ O：销售业绩完成50亿元│
│ 关键结果：      │  │ 关键结果：          │
│ • KR1：融资5亿元│  │ • KR1：开拓网上商城2亿元│
│ • KR2：并购同行 │  │ • KR2：组建两支新的销售团队│
│ • KR3：选券商   │  │ • KR3：开拓新的海外电商市场5亿元│
│ • KR4：上市辅导 │  │ • KR4：现有存量市场45亿元│
└─────────────────┘  └─────────────────────┘
```

图 2-26　总经理和销售总监的 OKR 分解图

2.5.2　个人的目标要与组织目标有关联

个人目标表现为组织成员希望通过他们在组织中的努力所要达到的目标，主要包括职位晋升、增加工资、改善环境、实现抱负、被社会承认等。

组织目标反映了组织成员的共同利益，而个人目标则是组织成员之所以愿意在该组织中工作的主要原因。

个人目标和组织目标相辅相成。组织目标的实现是个人目标得以实现的前提，个人目标的实现是组织目标得以实现的保证。

事实证明，一个组织凝聚力的缺失往往是由于个人目标和组织目标的背离造成的。在这种情况下，个人目标无法实现，也就为组织目标的实现设置了障碍。因此，管理者要努力寻求组织目标和个人目标之间的结合点，创造机会，使每个人在完成组织目标的同时其个人目标也得以实现，从而为组织目标的实现提供保证。

组织目标、团队（部门）目标和个人目标，这 3 个目标一致才能形成合力，否则就会出现内耗。关于个人目标与团队（部门）目标之间的关系，可以参考石泉写的《个人目标与团队目标的关系》一文，这里不再赘述。

2.5.3 个人的5个目标中要有2个是自己提出的

很多企业老板都有这样的感触"钱买不来人心",年终奖发完,该走的还是要走,刚提拔的新人,还是留不住。走的人都这么说"老板,我们走不是因为企业不好,而是我们有个梦想要实现,趁着年轻,不试怎么就知道不行呢,万一成功了呢!"这是目前职场中比较普遍的现象。

我们一直说,如何才能真正让优秀的人留下来,除了物质以外,还要有职业发展,有精神激励,更要有能够支持他们想法的——事业留人。要做到事业留人,涉及这样几个方面:

(1) 企业要有梦想,有愿景,有使命,有担当。当老板能把企业做成一个不只是做生意的企业时,你就具有了一种使命,让这种使命来感染每个跟随的人,因此老板要有情怀,要有格局,不然很难吸引到优秀的人才来追随你。

(2) 做自己想做的事。如何能够将自己想做的事,与企业的发展目标相结合呢?老板怎么知道员工想做的事就一定是企业想做的事呢?万一员工想做的事不是企业想做的事,该如何处理呢?更重要的是,员工想做的事,不是企业想做的事,员工还占用工作时间做自己想做的事,而将企业想做的事放到一边时,该怎么办?

所以用OKR可以做到将员工想做的事,与企业想做的事结合在一起,并用完整的方式,对这二者进行有效的跟踪。OKR的O采用层层分解的方式得到,上级的KR就是下级的O,每个人最多只能有5个O,3个O可以来自上级的KR,另外2个O由员工自己提出。这种3+2的模式,正是结合了上下共同目标,既有上级的意图要贯彻执行,也有下级的想法可以被采纳,这种上下结合的模式,能够照顾到下级的感受,确保在企业的平台上,可以让员工做自己想做的事,从而实现自己的想法,当然这些想法是要被上级认可的。这样通过引导,就能有效地激发员工的无限潜力,让他们做自己想做的事,并与上级的KR紧密相结合,从而达到共赢的局面。

第 3 章
关键结果的可挑战性

OKR 的一个核心观点就是，O 的设定要有挑战性、有野心。这种有挑战性，是一个相对长期的过程，O 不可能在一个季度就能实现，如果是在一个季度就能实现，那只能说明设定的 O 不具有挑战性。

在 OKR 中，每个 O 都有 2～4 个 KR 作为关键成果，这个 KR 就是为了实现 O 而要具体实施的措施、方法、路径。因此能否实现 O 的可挑战性，关键还是在 KR 方面，如果 KR 都能完成了，那么 O 的可挑战性就有可能实现；反之，如果 KR 不能实现，则 O 是一定不会实现的。因此在 OKR 的实施中，KR 能否实现是关键，而要实现 O 的可挑战性，KR 也要具备同样高度的可挑战性。

3.1 关键结果同样要有挑战性

O 是要具有可挑战性的，也就是说 O 的可挑战性是一个高度，为了实现这个高度，相应的 2～4 个 KR 也要有同样的高度，与之匹配。就好比 O 是一个桌面，为了能支撑住桌面的高度，那四条桌腿（也就是 KR）要与桌面的高度一致，唯有如此，才有可能实现 O 的目标。如果某个桌腿断了一截，整个桌面就会倾斜，久而久之，桌面就会倒了。

KR 在 OKR 的语境中，有一个十分重要的作用，那就是试错。因为未来对我们来说，是一种不确定的状态，因此就要不断地尝试各种想法，以验证哪条路才是最终可以到达终点的路径。因此在 OKR 的语境中，KR 要不断试错，所以 KR 是不断要被替换的。

这样就会存在一个问题，当一个 KR 不能有效进行下去时，就要立马被更换，那么用新的 KR 进行替换后，这个新的 KR 与其他三个 KR 相比，是否具有同样的难度系数？与被替换的那个 KR 相比，是否也具有同样的难度系数？因为人们往往是不愿意去挑战自己的舒适区，也就是说对于自己陌生的、不熟悉的环境、事物、思想、工具，人都具有一种本能的抗拒心理，不愿意去尝试和改变现有的、熟悉的舒适区。当那个 KR 不能被有效执行时，替换一个新的 KR 本身，从心理上就可能会不自觉地降低难度系数。

这个时候就会出现问题，当一个被替换的新 KR 的难度系数与原来被替换掉的旧 KR 的难度系数相比，明显降低了，那与另外三个 KR 的难度系数相比也会明显降低，这就会造成四个 KR 之间的不平稳，因此就会影响到 O，也导致桌面不平，形成倾斜。当形成这种局面时，因为受力不均，难度系数低的那个 KR 实施的进度就会比其他三个 KR 的进度快，不知不觉中影响到另外三个 KR 的实施，另外三个 KR 就会逐步被替换，最终的结果，就是四个 KR 的整体难度系数被降低，而影响到 O 的最终实现。

3.1.1 突破常规

大家对招聘经理的考核都不陌生，我们来看图 3-1，左边的是招聘经理的 KPI（这里我们不对 KPI 进行评价），右边是运用 OKR 来对招聘经理进行的目标管理，O 是见更多优秀的候选人，这也是招聘经理最核心的工作，因为从一开始就选对了人，那其他的如招聘离职率、试用期合格率等，就都会很理想了。

KR1：进入候选人所在微信群 20 个。我们都知道，现在很多 IT 工程师，工作通常不是通过投简历找到的，可能刚毕业那几年，人们还会通过投简历来找工作，后来换工作，更多是通过圈子来实现的，每个人的手机里都有几十个微信群，有同行、前雇主同事、大学同学、参加培训认识的朋友等，彼此的学习、交流、互动十分频繁。彼此所在公司的岗位有空缺时，都会相互介绍，相互了解公司的情况，也可以相互打听某家公司是否靠谱。因此找工作是不用投简历的。

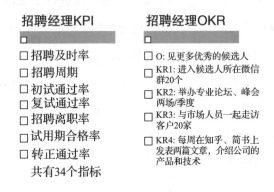

图3-1　招聘经理的 KPI vs. OKR

但职场中的 HR 却还是在 51JOB、智联招聘、BOSS 直聘、领英、拉勾网以及行业发布会等渠道来找人，我们可以看出，他想找的人与他不产生交集，所以招聘难是目前困扰 HR 的第一难题。公司新业务的推进、销售团队的建立、研发队伍的补缺，都在不停地向 HR 要人，但 HR 现有的招聘渠道，不能为公司有效选出大量候选人，HR 的地位因此倍受挑战。

怎么办？一定要寻找新的突破口，KR1 是可以快速接触到候选人的一条有效途径。但 HR 进入微信群后，发信息的技巧很重要，如果 HR 一入群就迫不及待地发招聘广告，立马就会被踢出群。现在招聘已是卖方市场了，HR 要十分了解候选人的喜好，投其所好，方能成事。

KR2：举办专业论坛、峰会两场/季度。对于一个招聘经理而言，日常工作跟办论坛、办峰会这种事，好像是不相关的，这都是市场、运营、技术部门的事，为何 HR 需要做呢？还是为了招聘。这是专业的精准营销的模式，也就是说，想招哪方面的人，就举办哪方面的论坛或峰会。通过举办活动，可以收集到第一手信息，参会人员在现场通过微信扫码签到，HR 能很快得到参会人员的微信号，再在现场通过面对面建群，就可以直接建群与参会人员沟通了。

当然要想能够吸引到高质量的潜在人才，作为主办方，公司在技术方面、业内影响力方面，都要具有一定的知名度，还要请到一两位业内公认的大咖，这样可以提高影响力。在现场 HR 与用人部门密切关注，那些在台上演讲的人的水平如何，来了哪些业内高手，在茶歇时多找人沟通，那么 HR 就可以快速地构筑面对面的印象分，为日后沟通做好铺垫。

KR3：与市场人员一起走访客户 20 家。HR 大多都是"宅"在公司里的，其实这是之前以用人单位为主导的环境下形成的特点，现在形势变了，只有更多走出去，才能见到更多的候选人，而客户那里，就有潜在的候选人，而且可以得到更多的同行业竞争的信息，以便于 HR 及时修正对外部环境的判断，增强 HR 的敏感性。

KR4：每周在知乎、简书上发表两篇文章，介绍公司的产品和技术。在知乎和简书里的人，很多是各行业的大咖和高手，招聘经理每周发表两篇文章，目的是吸引这些平时只在知乎和简书上浏览的大咖和高手的注意，同时也为了找到想要的人，通过加关注、留私信的方式，进行互动。

以上四种，都是目前 HR 在招聘中极少用到的方式，而这也正是 OKR 要突破常规的方式。因为那些已经常用的方式，不能有效解决 HR 目前遇到的招聘难的问题，所以 HR 的招聘模块，在运用 OKR 时，KR 就要突破常规，才能有新的突破。

有人会问我，这四个 KR，每个 KR 能真正起到什么作用？每个 KR 可以招多少人？在 OKR 的语境中，实现 O 是核心，而不是像 KPI 那样，是为了结果，当你找到了能够真正实现 O 的路径、方法、措施后，过程对了，结果自然就有了。本例中，任何一个 KR 成功了，结果都有可能会超出预期。例如，进 20 个群，如果每个群按 300 人计，就可以建立一个 6 000 人的专业人才库，选对池塘钓对鱼，一网下去，可能就会收获满满了。

所以这又回到前面对 KR 的描述，KR 是实现 O 的方法、路径、工具和想法，这几个路径超出了目前绝大多数 HR 的日常工作的范围，并且打破了"等、靠、要"的习惯，更多是主动出击，不断创新，而且很有挑战性，因为每个 KR 都不是一蹴而就能实现的，需要付出比 KPI 惯性思维更多的精力和时间，才有可能成功，但还会有 30% 的可能是失败，进展不下去。在 OKR 的语境里，如果 KR 连续两到三周没有进展，就要用新的 KR 替换，而且难度系数不能降低，可见挑战的难度非同一般。

3.1.2 4 个关键结果保持一致的挑战系数

其实，OKR 就是把最优秀的员工的"做事途径"不断优化，然后帮助每一个同岗位员工去做同样的事情来实现想要的结果。KR 必须具备以下特点：

（1）必须是按这个方向及正确途径做，就能实现目标的；

（2）必须具有进取心、敢创新，多数情况下不是常规的；

（3）必须是以产出或者结果为基础的、可衡量的，设定评分标准；

（4）不能太多，一般每个目标的 KR 不超过 4 个；

（5）必须是和时间相联系的。

前面讲到了制定 OKR 要符合 SMART 原则，在制定 OKR 时，要通盘考虑 SMART 原则的 5 个维度，来评估选取的 OKR 是否符合这个原则。那符合 SMART 原则的 OKR 要具备的特征是什么？是量化。因为量化比较直观，也好衡量，但很多时候我们会陷入一种困惑中，许多工作无法量化，像研发人员、设计人员的工作成果，就很难有具体的量化指标。那 KR 不能量化怎么办？

要可衡量，也就是要明确产出结果是什么，产出结果不一定要数字化，可以是关键节点的成果，如"测试上线、产品交付、客户验收、内外测试、公测、制度起草完成等"，只要是能够明确产出的成果，都可以作为可衡量的依据。

4个KR必须保持一致的挑战系数，就是要确保这4个KR的难度相当，这样才能共同支撑起O的可挑战性，这当中有任何一个KR因为执行不下去，需要替换新的KR时，也要保持同样的挑战系数，不然就会造成劣币驱逐良币，影响到O的实现。

要支撑住高目标，靠的就是那4个KR，因此KR也要具有一致的可挑战性，而且4个KR都要具有一样的难度系数，这样才能稳稳地撑住O。那如何衡量难度系数呢？关键就是KR的创新，是全面创新还是微创新，决定了难度系数的高低。全面创新，意味着会面对更多的不确定性，自然难度系数就高。微创新意味着有一定的成功路径可以依赖，相对不确定性要小，难度系数也会比全面创新要低。如果有一个KR的难度系数低于其他几个KR，就会造成O的受力不均匀，时间久了，整个O就有可能会因为KR的支撑不稳，而垮掉了。

那如何才能发现是哪个KR支撑不住了呢？那就要看4个KR中，哪个KR实施不下去了，一旦出现这样的情况，就要立即想办法替换一个新的KR，并要保持新替换的KR与其他3个KR的难度系数保持一致，这样才会保持高度一致，让整个O能够得到支撑。

那是什么原因会造成KR支撑不住呢？因为KR的难度系数存在不确定性，就有可能会造成KR连续几周没有进展，停滞不前，这样就影响了O的实现进度。这时候就要及时考虑替换KR，而不能让一个明明知道已无法实现的KR还在继续执行，那样的话，就造成对其他3个KR的压力，而让这个KR在空转了。

3.2 紧盯目标而不是结果

管理的一个诀窍就是"紧盯目标，关注效果"。紧盯目标，就是要时刻保证我们的目标、我们的方向没有错误，我们还在向着正确的方向行进。关注效果,就是要对执行的效果负责,要时刻关注我们的工作是否达到了预期的效果,这很重要,在很多情况下,虽然目标达成但是效果无法保证的现象并不少见,没有效果,目标达成也没有意义。"紧盯目标,关注效果"就是不但把事情做对,还把事情做好,这看起来简单,但是执行起来真的不是那么容易。所以,我们做每件事情都要仔细想想,这件事情的目标是什么,效果怎么样。既要达成目标,又要保证效果。

"花开蝴蝶来",你不断追逐蝴蝶,蝴蝶会因此而离你远去,只有当你修建起自己的花园时,花开后蝴蝶自然飞来。我们把蝴蝶比喻为你想追逐的目标,如果只是一味地想着追逐心中的目标,你是很难真正抓到心中的蝴蝶的。就好比,如果企业的目标是做大做强,想上市,想成为世界500强,那么业绩是一个重要的衡量指标,但因此企业高层天天想着做大业绩,什么挣钱就做什么,企业的业绩并不会因此而做大,反而会因为高层只是一味追逐业绩,什么都做,导致企业因为缺乏核心竞争力,很快被市场所淘汰。

所以只有把企业做出具有独一无二的经营特质,才能使得企业可持续发展,一味地做大,未必能做强、做久。对 OKR 而言,为了实现目标,关注实现的路径、过程、方法、措施,找出影响目标实现的各个重要因素,并快速迭代,进行全面尝试,从而才有可能实现目标。"**做好自己,蝴蝶自然会来。**"

3.2.1 关键结果要不断试错

我们继续分析招聘经理的例子。招聘经理的 4 个 KR 都是很具有挑战性的,那么问题来了,哪个 KR 坚持的时间最短?不同的行业,招聘经理的个人特质不同,相对而言,KR4 可能坚持的时间最短,因为招聘经理一般都不是做技术出身的,所以每周两篇技术类文章,对他们来说实在太有挑战了,一般会请 IT、技术部的同事友情支持,但时间久了,别人都有自己的 OKR 和工作,老是无偿地帮忙,并变成是一项长期的任务时,可能就会不愿意了。当然也有的招聘经理会觉得，KR2 很难坚持，因为每季度举办两场技术峰会或论坛，太有挑战了，因为没有那么多资源，规模、场地、公司支持等因素都会影响峰会和论坛的成功举办。

不管哪个 KR，在实行一段时间后，都会面临进度开始放缓，甚至连续两周都没有新进展的情况。这个时候就要及时替换 KR 了，因为 OKR 是对目标负责的。还是以招聘经理的这 4 个 KR 为例，假设 KR4 坚持了 5 周，接下来两周时间，因为没有合适的稿源，而陷入了停滞，这时候就要准备更换 KR 了。

那么，问题来了，因为新的 KR 要与原先的难度系数保持一致，那换一个什么样的新 KR 呢？可以继续围绕 HR 的"招聘"模块下的"人才库建设"子模块的工作，因为企业很少有人做，都在忙着向外招聘，很少做系统的内部人才库建设。有很多离职员工的管理、有很多遇到但错过的候选人，为什么不充分利用？这些人至少对公司熟悉，有基本的共同点，只是时机不对，但只要继续保持互动，此一时彼一时，可能峰回路转，招聘经理就成功招到了。图 3-2 就是一个细分的过程。

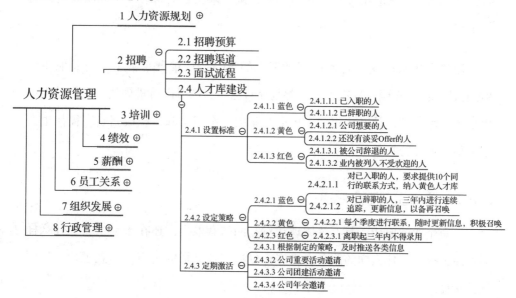

图 3-2 "人才库建设"模块

人才库建设，可以有效提高招聘成功率，但如果只是作为"招聘"模块下的一个子模块（子目标），通过将"人才库建设"这个子目标细分到第6层，我们就可以十分清晰地知道，人才库建设应该如何开展：

对人才库定义设置标准、设定策略、定期激活，其中：

- 设置标准中：蓝色为已入职的人和已辞职的人；黄色为公司想要的人和还没有谈妥录用通知（以下称Offer）的人；红色为被公司辞退的人和业内被列入不受欢迎的人。
- 设定策略中：蓝色是已入职的人，要求提供10个同行的联系方式；对已辞职的人，3年内连续追踪，更新信息，以备再召唤；黄色是每个季度进行联系，随时更新信息，积极召唤；红色是离职3年内不得录用。
- 定期激活中：根据制定的策略，及时推送各类信息；公司重要活动邀请；公司团建活动邀请；公司年会邀请。

将"人才库建设"细分到第6层，基本上可以将这个模块的工作完整地进行描述，从方法到应用都有了介绍，那么接下来从建立人才库开始，就可以直接工作了。

用"人才库建设"替换招聘经理中的KR4，从难度系数上，与其他3个KR相比，都是在同一层次上的，都是靠自己努力都可以有进展的，尤其是人才库里的黄色分类，是以往很多HR都忽略的，定期跟踪，积极召唤，往往也会带来很多意外的收获。

3.2.2 要吸引而不是追逐

一个企业的成功也并不仅体现在对利润的获取上，还在于它生产了什么样的产品，提供了什么样的服务，为客户创造了什么样的价值，尽到了什么样的社会责任。

很多高明的企业家都将一些真理做到极致，以此走向了成功之路。

例如，华为公司始终坚持为客户创造价值，坚持财散人聚、艰苦奋斗、大胜在德的价值导向，建立了广泛的利益分享机制，创始人只留了1.4%股份，其余则分享给员工。

2004年，华为公司成立芯片研发部，当时这一举动引发很多企业的嘲笑，没有谁会相信华为公司能研发出芯片。2009年华为第一代手机芯片K3问世，2012年华为第二代芯片K3V2问世，2014年华为第一代kirin（麒麟）芯片问世，让华为公司跻身于全球中高端芯片领域，2018年kirin980问世，让华为公司成功击败世界最大芯片生产商英伟达，成为微软手机芯片供应商。

一个企业的强大，不在于收入强，也不在于是不是世界500强，而在于它能不能凝聚起全球最顶尖的人才。

而只有具备强大的吸引力，才能形成强大的凝聚力，华为公司的利他、包容、开放的理念正是最有力的吸引力，使得近几年有约700名全球顶级科学家陆续加入并为之奋斗。

稻盛和夫认为"利他"是能"心想事成"的最高境界。

他说企业的经营秘诀在于利他，以善解人意的理念进行经营，企业就会走向辉煌，在获取正当利益的基础上，将自己的才能为员工所用、为客户所用、为社会所用。

俗话说"财散人聚、财聚人散"，把好处多让给别人，才会有人聚集在你身边扶持你做事，你的事业才能越做越大。如果自私自利、处处算计、唯利是图，事业当然难以成功，即使侥幸成功了也根基不稳，稍有风吹草动就坍塌了。一个好的企业，其文化氛围肯定是符合人性的，自然也是利客户、利员工、利大众的。未来企业不是产品的竞争，也不是技术人才的竞争，而是软实力——文化的竞争。有优秀的文化自然就能吸引来优秀的人，就能创造优秀的产品，自然就能占领市场。

美国成功哲学家金·洛恩（Kim Lun）也提出：成功不是追求得来的，而是被改变后的自己主动吸引来的。

要让事情变得更好，就得先让自己变得更好，要利他、利客户、利社会，自然吸引人才来。

3.3 要及时修正关键结果

在OKR的语境中，KR决定了O的目标能否实现，因此就要不断Review（评估）这个结果是否达成效果。继续前面所述例子，招聘经理的4个KR，如果有一个KR连续两到三周没有进展，就要马上考虑更换它，因为KR一直没有进展，就会影响O的实现。

另一种情况是，这个KR在实际运用过程中，进展虽然比较顺利，但可能与实际要达成的O渐行渐远，也就是说这个KR在选择上是有问题的，KR与O的关联性虽强，但发现这个KR会存在潜在的风险，这种风险当初在选择时，并不能体现出来，只有这个KR运行了一段时间后，才被发现有潜在的问题。

比如招聘经理例子中的KR1"进入候选人所在微信群20个"，设想虽然美好，但现实却很残酷，当你被拉进某IT（Java）群后，就因为发招聘广告而被人踢出群了，再试还是如此，这个时候你是准备放弃这个KR，还是反思错在哪里呢？IT群的成员，都是以工程师居多，他们喜欢新鲜、刺激、有趣，不喜欢一本正经地说教，所以想清楚面对的人群的特点后，你应该换个策略，换个靓丽的头像，用私聊的方式，挨个发私信沟通，与工程师谈公司的未来发展、谈公司里的技术牛人，当然也要谈公司的福利多，这样就可能招聘成了。

我们的思维往往被绩效考核的思维所固化，在绩效考核的语境中，就算某个考核指标设计得不好，中途也是很难更换的，直到考核期结束后，才能在下个考核期更换，这就造成绩效考核的僵化。而OKR是为目标负责的，一旦发现某个KR在运行过程中不能真正有效达成效果，就必须立即进行更换，而不是等季度周期评估后再替换。

3.4 关键结果的调整要关联

格鲁夫在《格鲁夫给经理人的第一课》中提出了一个观点：

经理人的产出 = 他直接管辖部门的产出 + 他间接影响所及部门的产出

他还更进一步总结出一个公式：

经理人的产出 = 组织产出的总和 = 杠杆率 A × 管理活动 A + 杠杆率 B × 管理活动 B……

在这个公式中，经理人所从事的每一项管理活动（管理活动 A、B……）对整个组织都有或多或少的影响。**而对整个产出的影响有多大，则在于这项活动的杠杆率有多大。**一个经理人的产出便是这些乘积的加总。显而易见，为了有较高的产出，**经理人应该把精力放在杠杆率较高的活动上。**

经理人的生产力即其每个单位时间的产出，可通过以下3种方法来增加：

（1）加快每一项活动进行的速度。
（2）提高每一项活动的杠杆率。

（3）调整管理活动的组合，摒弃低杠杆率的活动，代之以高杠杆率的活动。

关联就是相互间有影响，"相关定律"是指人们在进行创造性思维、寻找最佳思维结论时，由于思路受到其他事物已知特性的启发，便联想到与自己正在寻求的思维结论相似和相关的东西，从而把两者结合起来，达到"以此释彼"目的的方法。在物理学史上有许多著名的科学家，无一不是具有很强的联想力。伽利略通过观察吊灯而发现摆的等时性、阿基米德在洗澡时领悟出浮力的作用、瓦特由水壶盖被顶起而发明蒸汽机……他们都是由一个小的现象得出了一个大结论，最终取得了举世瞩目的伟大成就。

在 OKR 的应用中，管理者及员工就要像经理人一样，专注于对 O 产出影响最大的杠杆率对应的活动上，当要对 KR 进行调整时，要考虑到与 O 相关的 KR 会有哪些，并找到产出影响最大杠杆率的那个 KR，也就是说，当要重新调整 KR 时，一定要考虑全面有关联性的 KR。

再联系前面招聘经理的例子，哪个 KR 的杠杆率最大呢？显然是 KR1 "进入候选人所在微信群 20 个"。因为进入 20 个群，每个群就按 300 人算，也有 6 000 人，这些人同质化率很高，假设成功率为 10%，就有可能招到 600 人，对 O 的目标实现会产生很大的影响，这个 KR 由点带面带来的潜力无限。

第 4 章
如何用 OKR 激励个体

目前，企业都面临着"95后""00后"新生代进入职场的挑战，新生代的人群未必愿意在过程中被控制，被指挥，也不是能够按照既有传统经验机械执行任务的人，他们有冲劲、有知识、有创意，因此他们更需要的是一个允许他们创新的工作环境，让出空间给他们充分去发挥。如果是这样的话，企业的管理层能把控的事情是什么呢？紧盯着目标不放，以"产出导向"做要求，过程中让员工放手去做，这样才有可能充分地发挥员工的潜力，从而激发企业的活力。

4.1 如何让 OKR 有挑战性

在 OKR 的语境中，什么是有挑战性呢？OKR 的 O 要有挑战性，就是全身心投入、全力以赴地工作，即便如此，OKR 的 O 也只能完成 60%～70%，才是常态。

问题是如何才能设置出有挑战性的目标？因为人的本能是"追求快乐，逃避痛苦"。人究竟为什么会努力工作呢？不同人的动机不一样，有的人为钱工作，有的人为名工作；但约翰·洛克㊀（John Locke）发现很多人有自我实现或者挑战自我的需要，他们很多时候仅仅就是为了实现自己的某个目标而工作。

㊀ 约翰·洛克是英国思想家、哲学家和政治家，1690 年出版了《人类理解论》一书。

因此，约翰·洛克认为目标本身就具有激励作用，正确的目标能把人的需要转变为动机，激励人们自觉地朝着一定的方向努力，并最终完成预设的任务。那什么样的目标才具有较强的激励作用呢？

4.1.1 目标设置的 5 项原则

1. 目标要清晰

清晰是目标设定的基本原则。清晰的目标往往比较具体，具有不同的衡量方式，并且具有明确的结束时间，这一点和 SMART 原则中的具体、可衡量以及时间导向是完全一致的。如果目标清晰，你就会有明确的奋斗方向，很清楚还有多远就能实现并超越它；模糊的目标让人无所适从，只能成为口号，不具有任何激励作用。

设定目标的时候要尽量使用明确的数值。例如，销售业绩增长 10%，而不要使用模糊的概念，如尽力提高销售业绩。

2. 目标要兼顾难度和重要性

目标应当既具有挑战性又能够达到。有挑战性体现在两个方面，不仅要求目标具有一定的难度，还要求具有相当的重要性。目标的难度是目标自身的一个特点，而重要性则取决于个人或公司的使命。对销售人员来说，多见客户多签单的目标一定比多参加销售培训更重要。一般情况下，在一个人的能力范围内，重要的和难度较大的目标往往会带来较高的工作热情，因为完成它不仅带来较好的利益，还会带来较高的成就感。

SMART 原则中的相关性和该项是一致的，相关性要求你的目标和个人或公司的使命一致。相关性越高的任务，其重要性也越高。

3. 目标要责任到位

责任到位原则更加适用于团队的目标。通常来说，团队目标比较大，必须拆分成很多子目标才能完成。责任到位的原则要求每个子目标必须有明确的负责人。这个负责人必须完全理解团队目标和自己所要负责的子目标，理解只是基础，最为重要的是这位负责人必须完全同意并接纳所分配的任务，换句话说，责任人必须愿意为分配的目标"负责"。什么样的目标才能够让人完全"负责"呢？通常来说，一个目标由他本人设定并和他的利益相关，他的动力就强。在一个团队之中，不可能所有的目标都要得到参与者的认可。通常让所有的人了解完团队目标后，由团队领导将更小的任务分发下去，如果团队成员觉得自己的目标和团队目标是一致的，并且分发任务的领导是完全可以信任的，那小组成员也倾向于对自己的任务具有较高的责任心。

一个有意思的现象是目标的难度越大越需要较强的责任心，因为如果目标的难度较大，团队的领导在制定目标的过程中需要更多地让团队成员参与，甚至是采用逆向方法，由组员首先制定各自的目标然后由团队领导综合这些目标，确定和预期的差别；对于差别部分，或者加入更多的成员，或者加大激励的力度。

4. 目标要可反馈

正确地设置目标仅仅是成功的第一步，实现目标的另一个重要因素是反馈。由于外在环境处在不断变化之中，反馈可以让你重新审视你的最终预期或者调整目标的难度，也给了你推销自己的成果以获得他人认可的机会。反馈的结果是一系列的进度报告，当目标需要很长时间的时候，这些进度报告显得尤为重要，它们是每一个阶段的总结。

这一原则对应于 SMART 原则中的可衡量的这一项。当一个目标耗时比较长的时候，你也可以分步完成，这就和建造一座大厦一样，每建一层就进行初步验收，最终大厦建成后你只要进行简单验收就有把握大厦没有问题。

5. 目标要考虑任务的复杂性

任务的复杂性和目标的可挑战性具有相似的作用，但是任务和目标所对应的范围是有所差异的,一个目标通常被分解成很多小的任务。复杂性要求分解的过程必须科学,每一步都具有适度的可挑战性。但是复杂的任务也带来两个问题:第一,要以相对"特殊"的方式对待完成任务的人,其目的是为完成目标创建良好的环境,避免任务失去控制。第二,将目标的可衡量性作为任务的一部分。由于所完成的任务具有较强的激励作用,任务完成者很容易"沉浸"在完成任务的成就感之中而忽略了对进度的控制。因此我们应该做好以下两点:

(1) 提供足够的时间、空间以及机会帮助执行任务的人。
(2) 强调任务的可衡量,严格控制任务的进度。

任何理论的最终目的都是为了促进目标的实现,因此制定目标的人应该保障环境的顺畅,避免让人心灰意冷,从这一点又回到了 SMART 原则中的可实现性上。如何在两者之间做到平衡,需要你有足够的经验。

4.1.2 平庸与卓越

什么是卓越?

卓越就是可以不受眼前干扰,执着追求,保持自己最高方向和最佳状态的人。例如,西南联大的校训是"刚毅坚卓",是指人的品性上的培养,而不是什么守规矩之类。要坚守的是这份不同于平常人的品性。

什么是平庸?

2019 年 1 月,任正非在华为内部连发两封电子邮件,称准备过苦日子、放弃平庸员工;之后不久,俞敏洪给新东方全体高管连续发布了五封公开信,直指新东方存在的种种问题,提出改革措施,并表态要亲自上阵,担任"三化"(标准化、信息化、系统化)工作组组长,推动新东方内部效能优化,淘汰平庸员工。

商业领袖纷纷开始放弃平庸员工,那么,到底什么是平庸员工?

百度百科定义的平庸是：普通、寻常而不突出，碌碌无为。平庸也指平凡的人做着寻常的事，一生碌碌无为，寻常且不突出，无法做到受人瞩目。

笔者认为平庸就是被眼前的景象淹没。不要想着把自己和想要的样子联系在一起，你就会变成那样，其实你就是你自己，不是靠蹭什么热点，就能把自己变成是什么样的。只有自己发展好了，别人自然会来找你，"你若花开，蝴蝶自来"。

如果你的第一部手机是21世纪初买的，那手机品牌十有八九是以下三个中的一个：摩托罗拉、爱立信和诺基亚——这是当时手机中的"三剑客"。当时它们占据了手机市场份额的80%以上，其中诺基亚一家占了40%。当时的诺基亚风头正劲，丝毫不输现在的苹果、华为和小米。那个时候的管理学学者很喜欢研究这三家公司，并称之为"卓越企业"。

如今，这些"卓越企业"去哪里了？爱立信先是和索尼合资成了索尼爱立信（简称索爱），后来"索爱"不成，只剩下索尼了。

摩托罗拉则把手机业务卖给了Google，而Google也在为这一块业务的亏损发愁。相对而言，诺基亚的日子算是好过了，但其前景并不被看好，经常被用来衬托苹果的伟大。

正是因为"各领风骚三五年"，所以以后在称呼企业为"卓越企业"的时候最好谨慎一点。吉姆·柯林斯曾经写过两本专门研究"卓越企业"的书——《从优秀到卓越》和《基业长青》。

遗憾的是，在《基业长青》这本书中列举的18个"卓越企业"，在过去10年中有12家的财务表现都低于道琼斯工业平均指数水平，其中迪士尼、摩托罗拉、福特、诺思通、索尼和惠普都在遭遇严重危机[一]。

[一] 陈雪频：卓越企业是如何走向平庸的 [J]. 沪港经济 2012(12)：13-13

为什么那些"卓越企业"迅速变得平庸了呢?一个很重要的原因是这个时代的技术更新太快了,许多大企业都会面临克莱顿·克里斯坦森说的"创新者的窘境",想要在每一次技术潮流中都保持持续领先已经越来越难了。

各种残酷的事实表明,这个时代的不确定性大大增加,优秀企业想延续自己的竞争优势越来越难。只有极少数企业能实现从优秀到卓越的蜕变,但即便是这些已经登顶的企业也有走向平庸的一天,就像人总会生病、衰老一样。所谓基业长青也不过是让企业能够在尽可能长的时间内实现了卓越,就像一个人在到了60岁还保持青春一样。**研究企业如何从卓越到平庸,和一个企业如何从优秀到卓越一样重要。**

卓越企业的发展轨迹类似于抛物线。一开始,这些企业的灵活性为它们赢得了规模、资金和稳固的地位,让它们在短时间内成为一家优秀的大企业。但很快,随着企业规模的扩大和竞争优势的确立,官僚主义、权力斗争和骄傲自满情绪如毒素般在企业的肌体中蔓延,随着竞争环境的改变,这些企业很快被超越。

这样的例子举不胜举。以诺基亚为例,在功能手机时代,诺基亚是当之无愧的王者。诺基亚在研发上的投入比苹果还高,第一款智能手机和触屏手机都是诺基亚率先推出来的。

但由于诺基亚在功能手机业务上太成功了,它们没有足够强的动机去发展智能手机,决策流程越来越长,组织越来越官僚化,结果丢失了智能手机市场的主导权,导致了苹果手机的逆袭。

企业战略"老化"是另一个使卓越企业变得平庸的原因。管理学家加里·哈梅尔认为,企业战略"老化"的主要原因是一个好的战略容易被对手仿效,而且市场上会出现一个更好的战略,而一个组织的运行机制往往是由当初制定的战略所决定的，要去改变一个企业的运行机制和企业文化非常困难。

随着互联网导致市场力量从卖方向买方转移，传统的 B2C 商业模式正在被 C2B 所取代，许多传统制造业的战略都面临老化的危险。以前他们只需要制造出有竞争力的产品，然后让消费者购买就可以了。现在企业需要越来越多地倾听消费者的声音，多利用新媒体营销和大规模定制以及商业模式创新，然而很多传统制造业企业无法完成这个转变。

互联网领域的企业崛起和衰落的周期变得越来越短。这些企业往往只用了十年的时间就走过了传统企业需要几十年才能走完的发展历程。十多年前，Yahoo 和 Ebay 还如日中天，Google 和阿里巴巴刚刚崭露头角，Facebook 刚刚诞生。十多年后，Yahoo 和 Ebay 用的人不多，Google、Facebook 和阿里巴巴则如日中天。

平庸并非宿命。在这个不确定的时代，企业要想尽可能长时间地保持卓越，依然有一些确定的规则：保持自己战略上的灵活性和适应性。企业必须不断更新观念，并进行多样化的战略实验，保持企业文化的开放性，保证谏言渠道的畅通，避开奉承迎合的习气，提高自己的"战略适应力"。

4.1.3 通过 OKR 的设置激励人

1. OKR 要对全公司透明

每个人都可以查看任何一个人的 OKR，这需要非常开放的企业文化才能够支撑。此外，OKR 要求经理与员工之间要建立频繁有效的沟通反馈，经理更多地担任教练的角色，对员工进行辅导、教育多于批评；OKR 是弱管控的，因而对员工的自我管理意识要求也很高。

因为透明，所有实施 OKR 的人，都能彼此看到各自的 OKR 目标以及评分，所以 OKR 在实施的过程中，就会带来无形的竞争、压力、榜样吸引、彼此 PK、目标对齐、引导、学习成长、结对子等，无形中产生人为的激励作用。

2. OKR 目标要有野心、有挑战

OKR 不希望目标在考核期内就达成，这点同样是 OKR 突破 MBO 的地方。在如今的时代，很多创新都是来自于信息技术的突破，我们在做的是前人从未做过的未知领域，所以目标只是方向，必须"让子弹飞一会儿"，而且射击打的是移动靶，因此打不中靶心是正常的，能打中 5～7 环就是合格，但打中 4 环也不一定是射击者的错，而可能是目标定得太高了。

越是有挑战的目标，而且是一个相对长期才能完成的目标，就越能吸引那些想挑战自我的人，因为当一个人有明确的目标，有自己想要的目标时，就会全力以赴、自动自发地去做，不需要人催促，也不需要人盯着。就像当年备战高考、研究生统一招生考试等这类重大考试，全都是自动自发地拼命学习的。

这里讲一个 2019 年百度春晚发红包的故事。2019 年，央视春晚红包招标时间很晚，距离除夕只有一个多月的时间。按以往惯例，至少提前三个月招标，共需要 10 万台服务器。2018 年全年，全中国销售的全部服务器是 300 万台，而百度需要在一个月内，在事先毫无准备的情况下，完成去年全国销量的 1/30，并且完成采购、生产、调试、接入百度云的全过程。如此浩大的工程，调动了全球的供应链体系，调动了全百度的技术资源。在春晚抢红包过程中如果百度系统有任何一个技术环节卡住，百度云的服务器有任何一个螺丝钉松动，百度工程师、商务采购团队有任何一个人掉链子，全中国人都会面对一个完全不同的结局。可见，春晚红包活动是对技术和管理人员要求极高的任务。在接到这项任务之前，技术团队曾有位优秀的员工想离职，但知道百度接了这项任务后，这名员工说"我想打仗"而留下。众所周知，百度的员工齐心协力最终成功取得了这一场战役的胜利。

百度无疑是幸运的。但在这个世界上，只有勇者才有资格谈运气。这件事

也再次说明了，只有用充满挑战、有野心的目标，去激励团队成员，才能真正激发出团队的凝聚力。那种拧成一股绳的战斗力，无比强大；每个人全力以赴收获冲刺成功的喜悦，无比激动人心。**这就是 OKR 的精髓，设定一个可挑战的 O，不断细分目标，运用不走寻常路的思维，突破常规方法，想尽一切办法，力求最快实现目标。**虽然这样的 OKR 周期只有一个月，但完全符合 OKR 的精神，不要局限于周期长短，OKR 更看重的是目标要有挑战，要有野心。

3. 自主需求，人都希望能自己主宰自己

"我做什么，我决定"。自由是人们永恒的追求，而"自主"是自由的最基本部分。OKR 管理的本质是一种自我管理，是重回彼得·德鲁克提出的"目标管理"本源。德鲁克提出的目标管理，本质上是：通过目标管理，将员工"自由的个人"与"集体的共同福祉"有效结合起来。过去，我们在运用目标管理，更强化的是"上级目标的要求"。在制定的时候，员工的目标更多地来自于上级的要求，从上至下为主要方式。但是，在 OKR 管理中，需要的是充分引导和发挥员工的自我主动性。

4.2 如何激励个体

微博上每隔一段时间就会出现五花八门的辞职报告合集：从最初的"世界那么大，我想去看看"到后来更直白的"领导，你这么点钱，我很难办事啊。"2018 年 9 月，又有一封辞职信在网上传播起来。一个杭州女孩列出了自己辞职的七大理由：

(1) 没时间交男朋友，看电影还要看好时间，只能看下午场，晚上 21:00 前还要到店里。

(2) 没时间旅游，想去韩国，订好了机票，公司却让退票。

(3) 没有加班工资，上班无期限。

(4) 别人请假，自己逢年过节却要在岗留守。

(5) 做不到趋炎附势、溜须拍马、左右逢源。维护公司利益得罪人，没朋友到连一起逛个街的人都没有。

(6) 没有前途，开业时营业额是 70 多万元，现在只有 10 万元左右。见证过你的辉煌，也见证了你的衰退，无人管理，无人经营。

(7) 不想混日子了，现在很多员工都是混日子，我还没到混日子的年纪，没法安逸。

马斯洛在逝世前发表了一篇重要的文章《Z 理论》，在文中他重新反思了他多年来提出的需求理论，并增加了第六个需求层次"超越自我"，进而归纳为三个理论，即 X 理论（生理、安全需求）、Y 理论（情感、尊重需求）及 Z 理论（自我实现、超越自我需求）。

因为在马斯洛的五层次需求理论中，自我实现已是最高目标了，比如"运动员获得世界冠军、企业成功上市、个人实现了财务自由、考上名校"等，当这些原本就是很难实现的目标，一旦实现后，也就是当人们一旦达到了自我实现后，接下来就会因为没有新的自我实现的目标，而处于迷惘、彷徨的状态，不能自拔。更关键的是，很多人的自我实现的目标，也不是终其一生才能达到的。但人生应该是在不断追求、探索，这样的人生才具有积极的意义。

而如今，"90 后""00 后"的职场新人，大多已不再需要从最底层的生理需求开始起步，他们跨越了生理、安全的需求，也跨越了情感需求，因为有各种网络社交平台等可以宣泄情感的方式，他们的需求可以直接跳跃到尊重或自我实现。人有被别人认同的需要，这是本能，而尊重就是对他人信念应有的重视，因而满足了这一本能，所以有了存在的意义。

杭州女孩的辞职信，就表明了她不甘心做目前这些工作，因为这些工作占用了自己大量的时间，又没有价值，而自己想做的事，包括交朋友、去旅行又不能做到，心里憋闷，再加上公司氛围不好，到处是混日子、溜须拍马的人，实在是不能忍受，所以才有了辞职的想法。

如今"没有满意的员工就不可能有满意的顾客"的理念已深入人心，在成长于物质相对丰富时代的"80后"、物质有点过剩时代的"90后"和"00后"成为职场主力军的环境下，我们必须思考和研究现在"90后""00后"这些职场新人，又有什么样的尊重需求呢？"自由不要被约束、做自己想做的事、独立、工作和生活要分开、有自己的想法、不喜欢做重复的事、创新、能学到东西、不喜欢复杂的关系、不喜欢加班……"

为此，企业管理的理念、管理模式等该做出怎样的变革是企业创新的第一步。有一点是明确的：员工们对物质以外的东西越来越关注和在乎。

4.2.1 打破中层和基层的"等、靠、要"思想

1. 组织的内耗

在不少民营企业中，老板整天就是"忙"，忙开会、忙见客户、忙应酬，哪有时间静下心来想未来。而中层是"盲"，盲从、盲听（见图4-1）。组织的科层制结构，信息是层层由下向上汇报，决策机制又是由上向下层层下达，这就导致了信息和决策在传递过程中的衰减，最终失真。

公司内部的一项决议，从总裁办公会议布置直到执行，两个月的时间过去了，再次检查时，发现没有被完全贯彻下去，总有几个部门会有各种各样的理由，没有及时完成任务，或做的事，与当初的设想依然有较大差距，于是老板在会上发火，再次责令总裁办督促整改。而一阵风雨过后，又慢慢恢复成原样，除非这件事是老板一直在盯着，不做到不罢休。

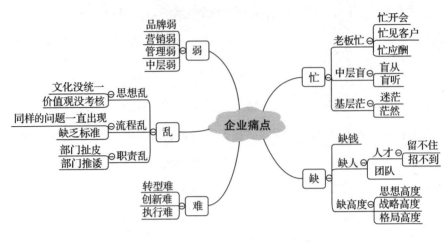

图 4-1 企业痛点

这就形成了一个怪圈，老板和高管整天忙开会、忙应酬、忙见客户，而公司的中层则是"等、靠、要"，通过层层汇报的机制，将信息向上汇报，并等待老板和高管的决策。在民营企业，最后的决策者都是老板，而老板并非全能的先知，样样精通，他又非常忙，因此造成不能及时拍板，所有的事都要拖到最后，而此时又到了非解决不可的地步，才通过连夜开会的方式匆匆决定，但正因为决策仓促，需要不断地改，导致最后的决策总是不完美。老板会觉得很郁闷，身边有这么多高管，但最后要用时却没有靠谱的。而中层们也是一肚子怨气，什么事都要汇报，汇报完了又不及时决策，每次都是最后关头再匆匆决定，因此造成错失时机或决策被动。中层们也会觉得自己的才华没有得到施展而心生不满或失落。

而另外一种情况则是，与之相关的部门，为了体现各自的专业性都会站在本部门的立场上给出建议，却没有人站在老板的角度去解决问题，更有甚者，为了本部门的利益，在实施或配合其他部门的工作中，往往更多的是体现本部门的职责，也就是制度和流程，以此来进行所谓的履行职责，从而增加了流程，造成整个事务的效率低下。

2. 科层制的组织结构影响了组织效率

科层制（又称官僚制），是一种权力依职能和职位进行分工和分层，以规则为管理主体的组织体系和管理方式。图 4-2 是科层制组织结构的演变过程。

图 4-2　科层制组织结构的演变

（1）**直线制组织结构**：最古老的组织结构形式，职权直接从高层向下"流动"（传递、分解），经过若干个管理层次达到组织最低层，如传统车间。

（2）**职能制组织结构**：采用专业分工的管理者代替直线制的全能管理者，在组织内部设立职能部门，各职能部门在自己的业务范围内，有权向下级下达命令和指示。

（3）**直线—职能制组织结构**：对职能制的一种改进，是以直线制为基础，在各级行政领导下设立相应的职能部门，即在保持直线制统一指挥的原则下增加了参谋机构（以部门效率和技术质量为出发点）。

（4）**事业部制组织结构**：把生产经营活动按产品或地区的不同建立起经营事业部，使得每一个经营事业部成为一个利润中心，在总公司的领导下独立核算，自负盈亏（以产品线或市场为出发点），如全球化企业。

（5）**矩阵制组织结构**：注重解决问题，纵向组织是职能部门领导下的各职能科室，横向组织系统则是以产品、工程项目或服务项目为对象的专门小组，职能和项目双重领导（以生产和技术为管理出发点），如项目型企业。

（6）**网络型组织结构**：网络型组织结构是职能制、矩阵制和事业部制组织结构的综合发展，如大的互联网企业，具有三类以上的管理机构：1）按产品或服务项目划分的事业部；2）按职能划分的参谋机构；3）按地区划分的管理机构。

从工业革命时代一直到信息时代，科层制结构跨越几百年，还可以同时存在并应用到各行业中。在传统的企业组织中，上下级之间形成了一条一丝不苟的信息传递链，高层的信息要经过层层传递到达基层，反之亦然，即"上情下达"与"下情上报"。在这种金字塔型组织结构中，纵向的管理层级之间等级明确，横向的职能部门之间界限清晰，这种分工方法逐渐形成了分工精细的职能层级式组织结构，也就成为目前许多企业通行的组织结构模式——科层制结构。

从横向关系上看，科层制最大的问题是"部门墙"，亚当·斯密和马克斯·韦伯所谓的分工实际上是"很难分清楚的"。在大多数科层制的企业，员工都会感觉到，一旦跳出本部门而涉及"横向协作"，就难以获取支持。在科层制下，原本两个部门各司其职，但又不可能做到泾渭分明，一定会存在一个区域是双方的"交叉职责"。很多人不理解什么是交叉职责，认为研发、供应、生产、销售等职能分工都很清楚，但实际上并非如此。**分工的难点不在于界定每个角色做什么，而在于界定每个角色在各种情况下做什么。只要能够找到没有完成工作的理由，那么职责就一定没有划分清楚。**

从纵向关系上看，科层制最大的问题是"隔热层"，马克斯·韦伯、切斯特·巴纳德是科层制理论的创立者和推进者，而通用汽车的阿尔费雷德·斯隆则是科层制的最佳实践者，分权带来了更大灵活性也带来了更多决策风险，而授权也都很难把权力的边界"划分清楚"，导致上下级之间沟通不畅，信息传递不上来，任务落实不下去。

科层制原本的设想是，在专业分工之后将权力赋予各个层级，以便形成控制和监督的"链条"。因此，上下级之间有明确的授权界限，上级决策和完成重要事宜（如某领域顶层战略设计），下级在上级的决策方向和工作结果的基础上,决策和完成次重要事宜,以此类推,一直到将任务落地到最微观的行动上。

横向的"部门墙"和纵向的"隔热层",将企业分成了若干"小方格"。"小方格怪象"让企业生出"大企业病",效率低下、内耗严重。请注意,"大企业病"并不一定只有大企业有,越来越多体量不大的小企业也开始出现了"大企业病",因为科层制也是它们的底层逻辑。

未来生态型组织的主流形态可能是大平台 + 小前端,企业平台化,自组织,自管理,为各类通过自组织方式形成的小前端提供生长和创造价值的环境。以淘宝网为例,淘宝上的 600 多万个卖家就是小前端,这样的小前端才能够满足 C2B 模式的个性化需求。但是,我们要解决一个问题,这样的小前端的规模效益如何保证,如何降低其成本,这就需要大平台的作用。大平台的作用就在于能够建立一个分摊小前端的成本,为小前端共享的基础设施。

以韩都衣舍为例,由正三角转为倒三角管理结构,由传统的管理者发号施令转向以客户为中心的自主经营体,自主经营体由三角团队(产品设计师、UI 工程师、货品管理员)组成并发出需求,由矩阵团队为一线自主经营体提供支持资源,再到管理者提供资源发现机会,真正实现让听到枪炮声的一线来指挥(见图 4-3)。

平台占据生态的制高点,掌握核心环节以后,营造好的环境,让各个自组织的经营体在平台上实现链接,向前、融合、共生、自演进、自循环。没有平台,就没有自组织。大家只看到华为让听得见炮声的人去做决策,没有看到华为的平台建设。大家只看到美的 789 工程,但是没看到平台是其未来集团管控最核心的问题。没有平台就没有小前端,就没有所谓的员工自主。没有作为基石的生物钟,就没有整个组织的中枢神经系统。

正三角管理结构与倒三角管理结构

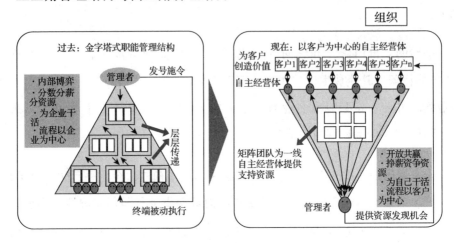

图 4-3　韩都衣舍的管理模式由正三角转为倒三角

4.2.2　做自己想要做的事情

要"做自己想要做的事",就是能够让自己有兴趣去做的、能够从过程或结果中获得积极的情绪体验的事情。那些让你朝思暮想的事情,那些让你精神振奋的事情,那些让你乐此不疲地投入其中的事情。就如孔子所言:"知之者不如好之者,好之者不如乐之者。"做自己想做的事、喜欢的事,是由兴趣驱动的,可以激发出人的探索欲望,可以自动自发地不断学习和工作,而最终走向成功。而 OKR 就是一种创新和激励的工具,可以帮助个体为了实现自己的目标,而自我驱动去努力实现。

1. 上级的 KR 是下级的 O

在 OKR 的语境里,上下级的 O 是这样设定的:"上级的 KR 是下级的 O,多个部门可以共领同一个 O"。为了确保目标在分解的过程中是可以追溯的,上下级的目标是紧密关联的,所以在目标分解的过程中,以上级的 KR 作为下级的 O,从而形成勾稽关系。另外多个部门可以共领同一个 O,就是为了拆开

"部门墙"的隔阂，提高组织的协同效率，避免扯皮、推诿的现象。

2. 3+2模式，才能真正激励到个人

获得成功和快乐的秘诀是什么？有人说是财富。但其实不是。生活中那些拥有巨额财富的人，没有几个是真正的快乐的。**事实上，获得成功和快乐的法则很简单：做你想要做的事，拒绝你不想做的事。**

做自己想要做的事，将兴趣与工作相结合，才是王道。关于如何找到自己的兴趣，做真正的自己，是属于自我修炼和成长的范畴，就不在本书描述。本书重点讲述如何将你的兴趣与工作目标能够结合起来。

就笔者自己而言，在职场做了16年的HR，其中有10年的HRD（人力资源总监）经历，辅导过3家上市企业，帮助1家企业完成了IPO所需要的尽职调查、无违规证明、招股说明书等一系列工作，还拿到了期权。但在2016年9月，笔者还是决定辞职，因为感觉自己还有很多事可以做，而在职场则身不由己。

2016年9月笔者进入和君，由HR转型为业务合伙人。2017年出版了两本书，其中一本就是关于OKR的专著，而2019年笔者计划出版一本新的OKR专著（就是您现在看到的这本），而且笔者也转型成功，通过培训不断宣传"OKR+KPA"的理念，也通过培训不断扩大影响力，并从培训到咨询一路击穿，让更多的企业通过导入OKR，从而提高企业的管理效率，激活员工个体。如果笔者还在职场，那就不是现在这样，但相比而言，笔者庆幸选择了目前的道路，因为自己喜欢，同时也有更多的成就感。

3+2的模式正好可以实现做自己想要做的事。3代表下级的O中，有3个是来自于他的上级的KR，将上级的KR作为下级的O，可以层层分解组织的O，从而将各个目标串成一个有内在逻辑关系的链条。而2代表着另外2个O，是可以由下级自己提出的。当然在OKR的语境里，关于O的设定是要上下达成共识，也就是说，下级的2个O，也是要上级能认可的，要与另外3个O是可以共识的，是有关联的。

不要小看 3+2 的模式，多数民企的管理都是以家庭、以父权、以服从为主线的管理，企业就是大家庭，CEO 就是大家长。当初创业时，很多企业都是以亲情+兄弟为核心团队，各自分工，以亲情或友情为纽带，把大家连接在一起，相互间也是满满的信任。在公司做决策时，也是民主集中制，最后以大哥做最后拍板人，然后大家一起向前冲，企业做大后，再以股权连接彼此，设立下属企业时，也是由这些创业元老来担任下属企业的总经理。员工、基层主管却很难踏进这个核心圈，需要被长期考察后，才有可能作为培养对象，被核心层所接纳。

"90 后""00 后"的职场新人，他们的需求是直接跨越生理、安全、情感而进入尊重甚至自我实现的需求层级中的，那么做自己想做的事，就是非常好的满足他们的尊重需求。他们不愿意花时间被公司核心层考察、接纳，他们不畏惧权贵，也不想浪费时间去迎合，只想做自己想做的事，做有意义的事，所以 3+2 模式，正好可以让他们的"力比多"[1]有合适的释放场所。

4.2.3 突破自我限制

马戏团里有一种怪现象。年幼的小象都是用粗壮的铁链拴着，而成年的大象则用一根普通的铁链拴着，这根普通的铁链实际上根本束缚不了强壮的大象。可是，为什么大象能乖乖地受束缚呢？那是因为从小开始，它就被牢牢地束缚了，无形中它认为自己突破不了这根铁链。

---

[1] 力比多是一个心理学名词，由弗洛伊德提出，这种使人设法寻求欲望满足的动力称为"力比多"。而"力比多"正是促使人做某件事的原因，精神分析理论认为人之所以会去做这件事是由力比多支配的，人在与外界环境的互动中所产生的各种观念不过是性本能（力比多）的一种比较委婉的体现。

为什么人会有自我设限的信念？

1. 习得性无助

当一个人多次努力却反复失败时，就会产生"行为与结果无关"的信念，就可能将这种无助的感觉泛化到一切情境，甚至那些你自己本可以控制住的情境，最后连自己的口头禅都变成了"我不行"。

例如，有人从小数学成绩就很一般，奥数题经常不会做，高考数学只考了及格分，以至于习得性无助地给自己一个暗示"我的数学不行"。于是工作后，面对一切与数字打交道的内容——数据分析、概率统计、做 Excel 表格，他的第一反应都是"这件事我怎么可能做好"，以至于错过不少机会。

2. 不愿意走出"舒适区"

这点说白了就是一个字——懒。

让人的大脑离开舒适区，其实是一个相当需要意志力的事情。比如在选择工作任务时，我们在心理上更倾向于选择自己已经非常熟悉的工作，而非一个全新的充满挑战的任务；承接业绩目标时，我们更愿意找各种理由为完不成业绩做铺垫，而不是马上跟老板立军令状。

虽然待在"舒适区"会让我们的大脑很适应，但不幸的是，我们需要在一个相对焦虑的状态下才能有最佳表现。任何自我鞭策以期达到更高水平的人都知道：当你真的在挑战自己时，你做出的成绩连你自己都会惊讶。

3. 怕失败了"丢脸"

丢脸这件事的真相其实是，你越怕丢脸就越容易丢脸。比如，一个人讲话有点结巴，因为怕丢脸，就不敢在公共场合讲话，也不参加任何演讲俱乐部，结果只能是越来越结巴，越有可能丢脸。

4.3 如何设计激励措施

实际上,对管理人员进行激励并非一件难事。对员工进行话语上的认可,或通过表情的传达都可以满足员工被重视、被认可的需求,从而收到激励的效果。

杰克·韦尔奇说:"我的经营理论是要让每个人都能感觉到自己的贡献,这种贡献看得见,摸得着,还能数得清。"当员工完成了某项工作时,最需要得到的是主管对其工作的肯定。主管的认可就是对其工作成绩的最大肯定。经理及主管人员的认可是一个秘密武器,但认可的时效性最为关键。如果用得太多,价值将会降低,如果只在某些特殊场合和员工取得少有的成就时使用,价值就会增加。

激励的要素如下。

(1)及时:不要等到发年终奖金时,才打算犒赏员工。在员工有良好的表现时,就应该尽快给予奖励。等待的时间越长,奖励的效果越可能打折扣。

(2)明确:模糊的称赞如"你做得不错"对员工的意义较小,主管应该明确指出,员工哪些工作做得很好,好在哪里,让他们知道,公司希望他们能重复良好的表现。

(3)让员工完全了解:主管必须事先让所有员工清楚地知道,将要提供的奖励是什么,评估的标准是什么。举例来说,不要告诉员工"如果今年公司做得不错,你们就会得到奖金"。要解释何谓公司做得不错、公司营业收入的百分之几会成为员工奖金、这些数字如何定出来,以及员工可以在何时拿到奖金。清楚地制定游戏规则,更能鼓舞员工有目标、有步骤地努力。

(4)为个别员工的需求量身定做:公司提供的奖励必须对员工具有意义,

否则效果不大。每位员工能被激励的方式不同，公司应该模仿自助餐的做法，提供多元化奖励，供员工选择。例如，对上有双亲、下有子女的职业女性而言，可能给予她们一天在家工作的奖励，比大幅加薪更有吸引力。

4.3.1 选全场的 MVP

目前，国内对 OKR 的激励还是要依靠物质激励。但问题是，企业已有了绩效奖金，不可能再将绩效奖金转化为 OKR 激励，因为这样的话，OKR 就会沦为绩效考核的工具，那与 OKR 的初心就相违背了。但如何才能说服老板再拿出一笔资金作为 OKR 的激励呢？

OKR 在国外是没有物质激励的，但在中国目前的管理中，OKR 要求的难度比 KPI 高很多，OKR 里设置的工作也是更加有挑战性的，绩效都有奖金，如果 OKR 反而没有物质激励，是很难有效推行的，但 OKR 又不能像绩效考核一样按分数排等级，分配奖金。在上一本书《目标与关键成果法：盛行于硅谷创新公司的目标管理方法》里，我提到 OKR 的激励可以参考用美国 NBA 篮球赛选 MVP 的方式，选出全场最佳 OKR 奖，所有参与 OKR 实施的人员以"最具有野心的 OKR"作为唯一标准，每人投票选出获奖人选。在这里还是要补充一下，在企业选"最具有野心的 OKR"的实践过程中，需要注意的地方。

在一些企业，因为 IT、研发部门会存在人数的不均衡，有些部门人多，而有些部门人少，这样在投票时，人数占多的部门就会因此占优势，那些人数少的部门就会因此吃亏，因此在实施中，建议设立"三人"小组，由基层员工选派产生，对位于 TOP 10% 的人选进行审查，一旦出现有拉票行为或有其他排名在后，但比 TOP 10% 的人更有野心和挑战的，可以一票否决出局，由下一位顺势晋升一位排序。

另外就是关于 TOP 的比例，到底应该设多少合适，在 OKR 的语境里，OKR 只能激励自动自发的人，这部分人一直就是少数人，因此对于这个比例我认为在刚开始导入 OKR 时，不宜突破 20%，应该从 10% 开始，然后随着 OKR 的持续影响力的产生，再慢慢扩大这一比例，但最终也只能到 20%，不能像 KPI 一样，全员都有。

MVP 评选标准最重要的有以下三点：

1）率领球队取得好成绩。

2）身为球队的核心作用要立竿见影。

3）能够使队友变得更好。

以上三点为篮球赛的 MVP 规则，作为 OKR 的全场 MVP 如何评选得出？

1）通过自评分数的汇总，得到每个部门或小组的 OKR 分数排名。

2）Peer review（员工评估）以是否有野心为第一标准，重新进行部门或小组排序。

3）得出最有野心的各部门或小组前 3 名的名单。

4）对于这些人进行全场 PK，最后全场投票得出全场最有野心的 OKR 前 5%。

年度最佳评选还是遵循 OKR 的评选规则，以员工评估的方式进行：

1）全年 4 个季度的 MVP 人选已产生。

2）4 个季度的 MVP 作为总候选人。

3）以全员投票的方式，评选出唯一最具有野心的 OKR 奖。

年度最佳奖项有：最有成就奖、最佳实践奖、最有创意奖、最有潜力奖、最具影响奖等。此奖以本人认领加 PK 方式，获得全场通过。各类奖项都有丰富的奖品。

因为 OKR 的分数在一个季度里，是不可能达成 1 的，分数在 0.8~0.9 说明目标不够有野心,分数在 0.2~0.3 说明 KR 设置得太有挑战性了,基本没有进展。所以分数的高和低都不能真实地反映 OKR 的实施情况,另外一旦形成了规律,无论是以高分或是低分排序,就很容易让人找到规律,那最后就会演变成绩效排序的效果,又被沦为绩效工具。所以评选、投票的唯一依据,就是以"最具有野心"为唯一标准。另外一点,绩效奖金是每人都有,因而演变成一项基本收入,不可或缺,也就没有激励的作用。

所以 MVP 不只是精神奖励,而是一个非常难得的奖励,因为相比 KPI 而言,能当选本季度 MVP 是要比 KPI 付出更多的努力和精力,所以这样向老板申请特别的 OKR 奖励,也会比较容易。

4.3.2 树立标杆

"以人为镜,可以明得失",标杆不仅是一面镜子,也是一面旗帜。管理者要在团队中树立标杆,用标杆的示范作用带动其他员工进步,进而提高团队的整体竞争力。标杆就是榜样。树立榜样就是为了给学习对象的行为提供参照,一旦榜样学习者将榜样确定为学习样板,也就明确了未来的目标,进而努力使自己的行为与榜样保持一致。因而树立标杆也被看作让团队永葆活力的有效措施之一。

标杆激励的方式之所以有效,从心理学上讲,主要原因有以下两个:

1) 每个人都有自尊,都不肯屈居他人之下,因而标杆能对后进者产生心理上的压力,从而激励他前进。
2) 榜样的示范作用。标杆即一个值得模仿的榜样。心理学的研究表明,人是最有模仿性的生物,人的大部分行为是模仿行为,而榜样则是模仿行为发生的关键,它发挥着重要的示范激励作用。

标杆在公司有两个非常重要的作用,一定要让其发挥出来:第一个,就是突破创新。标杆在公司某些方面一定是业务能手、技术能手，代表着公司在某个领域的最高水平，也最有机会帮助公司在这方面取得突破，因此一定要发挥这种能人的能力，为公司某方面的突破做出贡献。第二个，就是要求标杆复制其能力，让标杆把自己的能力、知识、技能、经验、教训都总结沉淀下来，并负责培训传承，让一个人的智慧变成公司集体的财富。

那标杆人物如何产生呢？就从 OKR 季度和年度 MVP 中产生，因为 MVP 是由大家公投产生的，因此具有较强的认可度和公信力，这样的人作为标杆人物，可以更多地将 MVP 的事迹、业绩、创新等，用故事、自媒体的方式，进行全面的报道和宣传，并在每个季度的员工大会上，进行表彰，这样就能发挥榜样的力量。

4.3.3 给予特别奖励

很多时候，我们习惯的激励就是给被激励对象以丰厚的物质奖励，**激励其实从心理学的角度来看，就是要产生"获得的满足感"。**但同时人又会因为产生了满足感，而很快失去这种愉悦的满足感。物质的激励只能起到短暂的作用，因为那种愉悦的刺激无法持久。激励的核心就是刺激，所以要让这种刺激不断发生，就能让人不断重复体验，就可以延长这种刺激。另外这种刺激不光对被激励的人有影响，同时还可以影响到其他人，让其他人能感受到持续地被刺激，这才是激励作用的最大化，只有这样的刺激，才能真正让激励持久。所以延迟享受，是为了获得更大的满足感。很多人在追求成功的道路上，就像登山一样，享受登山的一路风景和那种累，真正登顶后，只会短短停留几十分钟。

为季度 MVP 颁发的特别奖金，要比绩效奖金的额度高出 2~3 倍，因为能被评上 TOP 10%，那说明他们的表现要比用绩效考核的表现高出许多，因为有野心。只奖励 TOP 10%，又给出高额的奖金，同时还要在公司官网、公众号、荣誉墙等载体上给出荣誉宣传，再给予特别的 MVP 午餐，持续一个季度，让这种激励持续，也让这种影响不断发酵，让别人艳羡，其他人会想要拿下下一个季度的 MVP。当下一个季度的 MVP 换别人了，想想原本已习惯了每天的 MVP 午餐，见惯了别人对自己羡慕的眼神，突然这一切换成别人了，之前被评为季度 MVP 的人会受得了吗？于是又会拼得比之前更凶了，这样你的团队成员会不断和你商量提高 O 的标准，或主动迭代 KR，团队成员都自动自发地工作，像打了鸡血一样，作为团队主管的你，对这样的情况是不是会喜闻乐见？

4.3.4 用合伙人制激励

"目前时兴的'事业合伙人制度'，实际上是以人力资本为纽带的合伙人制度，主要是基于人力资本成为企业价值创造的主导要素，人力资本在与货币资本的合作与博弈中，拥有更多的剩余价值索取权与经营决策话语权，**基于共识、共担、共创、共享的事业合伙机制，淡化了'职业经理人'仅仅为股东打工的观念，打破了'职业经理人'作为雇佣军的局限**，重构了组织与人、货币资本与人力资本的事业的合作伙伴关系。"㊀

事业合伙人制，不仅可以帮助企业吸引、留住人才，更能帮助企业完善管理。

首先，事业合伙人制度让组织架构更加扁平，使每个团队有了更大的决策空间，也让决策更加快速。与此同时，管理层级的扁平化能够让每一位管理者直接听到最底层的声音。

其次，这种制度加强了一个整体团队的建设。过去是一个团队由几个人负

㊀ 彭剑锋. 中国事业合伙制 5 大模式 [EB/OL]. (2018-03-11). https://mp.weixin.qq.com/s?__biz=MjM5Njc4Mjk0Mg==&mid=2650398181&idx=2&sn=b7e51d1b896d7fcb2b4b7ee0e8d5313a&chksm=bee950c4899ed9d2184502aa01fac172d76a971b35e489ce1f05a05f75ef1105702e3b73986e&mpshare=1&scene=1&srcid=0423TsXJQ20FwexM3BL05DIP#rd

责,相互制衡,免不了会产生各种摩擦,而事业合伙人制是一个共同创造利益的整体,少了猜忌,多了信任。

事业合伙人制不仅仅是一种简单的制度,更是一种分享机制、发展机制和管理机制。事业合伙人内部创业是企业持续成长的可行性方式,我们可以与创业型的员工进行系统、充分地沟通,可以在企业内部设立新产品开发小组或新事业部,各业务部门独立核算,也可以在企业外部设立衍生的合资公司或独资公司以开发或收购新项目,这样既满足了创业型员工的创业梦想,又让公司获得了更进一步发展的空间。

1. 事业合伙人是一种分享机制

2014年,万科推出了事业合伙人持股计划和项目跟投制度,万科骨干团队从此跟随股东成为公司的投资者。无论是核心骨干持股计划还是项目跟投制度,都引入了杠杆。这意味着,事业合伙人团队将承受比股东更大的投资风险。

共创、共享是职业经理人和事业合伙人与股东关系中的共同点。但是,共担是事业合伙人与职业经理人最大的区别所在。在存在浮动薪酬、奖金制度和股权激励的情况下让职业经理人不能坐享高收入,而需通过自己的经营才能与股东共创事业、共享收益,但事业合伙人却将与股东的关系提升到了新的高度:共担事业风险,一荣俱荣,一损俱损。

它采用两种方式,第一种是核心骨干持股计划,主要是针对上市公司。核心骨干拥有股票后,身份就转变成职业经理人和事业合伙人二者合一,既为股东打工也为自己打工。这样股东跟员工的身份因为利益基础而变得具有一致性。

第二种是项目跟投制度,即以后万科新开的项目,该项目所在一线公司的管理层和该项目管理人员必须跟随公司一起投资,公司董事、监事、高管、管理人员以外的员工可以自愿跟投。为了保证员工参与的积极性,把员工变成股东,还设定了"初始金额跟投不超过5%,根据项目的进度拿分红,利润分享制度"等方式。以前工资拿得再高,也是为公司打工,现在变成为自己打工,就等于生意做得越大,钱分得就越多。

事业合伙人制度培养的,不仅是忠于职守的职业经理人,更是具备企业家精神和企业家才能的经营者。在创业的过程中,没有其他任何资源比这两者更加重要。

2. 事业合伙人是一种发展机制

小米的创始人雷军认为,单打独斗已经成为历史,未来创业的趋势将是合伙制。这种合伙制的目的是什么?就是要打造一支卓越的创业团队,就是吸纳和凝聚更多的优秀人才抱团打天下。小米创业团队8个人中,每个人都能够独当一面,创业团队的平均年龄为43岁,都实现了财富自由,不再简单追求挣钱,而是追求将事业做大,从而获得事业成就感。这些人因为解决了基本的生存问题,不再为五斗米折腰,他们想实现共同创业,做出一番伟大的事业,因此,这些人创业的时候完全可以不拿工资,而且他们愿意共担风险。

总之,小米找合伙人的最终目的是要找到最聪明、最能干、最合适干、最有意愿干并愿意抱团合伙干的创业人才。标准有三个:首先要有创业者心态,愿意拿低工资;愿意进入初创企业,早期参与创业,有奋斗精神;愿意掏钱买股份,认同公司目标,看好公司前景并愿意承担相应风险。

3. 事业合伙人是一种管理机制

齐创共享的事业合伙管理平台,是温氏集团发展的核心动力。温氏模式,实际上是管理合伙机制、事业合伙机制。温氏集团的2016年销售收入为590多亿元,盈利130亿元,占整个创业板20%的利润。为什么温氏的利润率能超过高科技企业?原因在于温氏创造了一个事业合伙管理机制,它通过建立管理平台,通过互联网把56 000个家庭农场连接在一起,而这56 000个家庭农场全是农场主自己掏钱投资，产权归农场主自己，但共同在一个事业与管理平台上经营与生产。

这样做的结果是什么？第一是轻资产，如果一个企业自己投资建 56 000 个家庭农场，投资成本是非常高的。第二解决了责任心的问题。农场都是在很偏僻的地方，职业经理人基本不愿意去。但是如果养殖场是自己的，很多人甚至吃住都在养殖场，就解决了生产作业的责任心的问题。

温氏集团为 56 000 个合伙人搭建的是一个齐创共享的事业合伙管理平台，家庭农场的产权不变，只是共享一个事业平台、一套基于互联网的管理平台。既有大企业的规模与协同效应，又有小企业的活力与效率。这套以共享事业与管理平台为核心的合伙机制，可归纳为 32 个字：数据上移、平台管理、责任下沉、权力下放、独立核算、分布生产（自主经营）、共识共担、齐创共享。

第 5 章
OKR 与绩效考核的冲突

OKR 的最大用处在于通过识别目标（O）和关键结果（KR），保持对齐，频繁刷新，从而在当今竞争日益激烈的商业环境中，让企业级的目标与部门级的目标，以及团队级甚至个人的目标保持对齐，并使行动更加敏捷，与环境保持适配，从而提高企业的经营业绩。

当前的绩效考核工具如 KPI 等饱受批判，认为其遏制了创造力，催生了投机行为，扭曲了企业目标等。KPI 系统被附加了太多组件以致臃肿不堪，与日俱增的复杂度的确是不争的事实。并且 KPI 并不能对企业的各部门都产生有效的作用，甚至为了考核而考核，只选择那些可以量化的指标进行考核，不能量化的就不考核，导致了考核的僵化。

OKR 作为一种纯粹的战略性效率工具，保留其鼓舞人心的勇于挑战的特质，避免与薪酬挂钩所带来的行为扭曲。这种保持过程敏捷与结果追求之间恰当平衡的观点，才是核心。

5.1 两者在理念上的冲突

我在做 OKR 内训或讲公开课时，与学员讨论最多，也是最激烈的话题就是"KPI vs. OKR"。这是两个不同的体系和语境，如果放弃 KPI 只用一套 OKR，那绩效奖金如何分配？如果 OKR 的结果与绩效奖金相结合了，那 OKR 就会重蹈 MBO 的覆辙，失去了最具有原动力的"有野心"。那要保持 OKR 的原汁原味，取消绩效奖金,员工会答应吗?企业局面还会稳定吗?创新和变革会有人做吗?这边是现行的绩效考核不如人意,那边又要弄OKR,两个体系都要维护,导致很多HR也为之头大,表5-1展示了KPI和OKR在理念上的不同。

表5-1 OKR与KPI在理念上的对比

	KPI	OKR
名称	关键绩效指标（Key Performance Indicator）	目标与关键成果法（Objectives and Key Results）
业务逻辑	通过完成关键业务指标实现目标	通过完成关键结果实现目标
操作要点	(1) 自上而下分解和分配业绩指标； (2) 目标尽可能指标化； (3) 绩效薪酬与KPI得分直接相关	(1) 自上而下分解目标，员工目标同经理确认；关键结果及任务与经理沟通后，员工自己确定； (2) 关键结果不一定指标化； (3) 绩效薪酬与OKR得分不直接相关
管理逻辑	(1) 只看结果，不问过程； (2) KPI是管理控制工具	(1) 紧盯目标，并对过程管理； (2) OKR是沟通和员工自我管理工具
优点	(1) 极大刺激员工的工作积极性； (2) 想要得到什么，就考核什么	(1) 考虑了KPI的优点，对关键结果进行考核，又弥补了KPI的不足，即以目标而非以"预定的结果"为导向； (2) OKR自定原则，会更进一步发挥员工的积极性； (3) 加强管理者和员工日常就工作目标和标准的积极交流； (4) 不过度强调OKR结果，而强调目标实现，让工作更加灵活，且更利于鼓励创新； (5) 薪酬激励与综合评估有关，OKR只起参考作用，更具科学性
缺点	(1) 为了绩效薪酬，过于关注KPI的数值，而忘记了任务的初始目标； (2) 有许多目标无法或不适合指标化，否则容易将业务引入误区； (3) 过程中的管理者与员工缺乏有效沟通，只讨论KPI，而不讨论目标和环境	(1) 需要有高度责任心和重视贡献的员工； (2) 需要更加勤勉的管理者

(续)

	KPI	OKR
理论基础	源自传统的控制和激励理念： 人都是需要明确的工作结果导向的，这样会有一个明确的尺度来检验自己工作的好坏。一般来说，如果将薪酬与该结果挂钩，结果才容易被达成。这也是超额奖金制的另外一种应用方式	源自彼得·德鲁克的目标管理： 核心思想是放弃命令驱动的管理，拥抱目标驱动的管理。目标管理包括： （1）把经理人的工作由控制下属变成与下属一起设定客观标准和目标； （2）让下属靠自己的积极性去完成工作； （3）共同认可的衡量标准和目标，促使员工用于自我控制和自我管理，即自我评估，而不是由外人来评估和控制

绝大多数企业在推行绩效时所用的工具就是 KPI，KPI 的最大特点就是量化，因为量化的结果比较容易考核，因此 KPI 对业务部门如销售人员、生产一线的员工相对好考核，因为指标容易采集：销售收入、销售利润、毛利、回款、销售费用、客户数量、成品率、废品率、单耗等指标，都是大家好接受的。而其他非业务部门的考核因为不好量化，大多数只是泛泛的几个考核指标，考核的结果是根据考核分数的等级，进行绩效奖金的分配。这是目前绝大多数企业绩效的现状。而且目前员工的薪酬中，都有绩效工资这块收入。

OKR 最鲜明的特点是：不是绩效考核的工具，OKR 的分数不与绩效挂钩，也就不能作为绩效奖金的依据。只有切断了与绩效考核的关联性，才能使得 OKR 的目标不受绩效考核的约束，可以自由飞翔，从而能够变得更具有野心，这是革命性的变化。在 OKR 之前的所有管理思想如 BSC、MBO 都是与绩效工具 KPI 相结合的，最后都沦为绩效考核的工具并与绩效奖金相挂钩，无法实现思想的自由。

5.1.1　OKR 不是绩效工具

OKR 的最大特点就是"目标要有挑战有野心"，而有挑战的目标是一个相对长期的目标，不可能在一个季度内就完成，这样就会造成在季度评估时，分数偏低，可能在 0.6~0.7 分，也可能在 0.3~0.5 分（每个 O 的总分为 1 分）。而且 OKR 的分数结果，不与绩效奖金挂钩，这样才能让 OKR 真正实现，可以设定远大而有挑战的目标。

所以 OKR 不是绩效考核工具，因为绩效是要与绩效分数相结合的，绩效分数要与绩效奖金相挂钩，就会造成因为扣分就会扣绩效奖金，所以在目标设定时，就不会设有很高挑战性的目标。而 OKR 不是绩效工具，就不会有目标不能完成而影响到绩效奖金的顾虑，没有制约，目标的设定也就有了更大的可挑战的空间，当一直在追逐可挑战的目标，并持之以恒时，就已经超过了 90% 的同行。

1. OKR 更聚焦，OKR 不是考核工具，把精力集中在重要的事情上

OKR 是要有一定的野心和可挑战性的，OKR 要求员工在和组织的目标保持一致的前提下，希望员工站得更高，看得更远。时刻提醒员工当前的任务是什么，不偏离组织的大方向，相信和依赖员工会自主性和创造性地完成任务，从而在自由和方向上和组织达成一种平衡。

不管是大型组织还是小型组织，每天的事情都有很多，也很杂，很容易把重要的事情忘记。因此，把员工的注意力转移到正确的目标上，是很重要的。OKR 是一个很好的工具，可以帮助组织里所有的人理解：什么对组织而言才是最重要的，以及你准备如何衡量你对组织的贡献。

2. OKR 是公开透明的，激发员工的自觉性，让员工获得相互认同

OKR 的所有内容和达成的结果都是公开的，有利于激励落后者。同时也有利于跨部门的横向一致性，每个部门的工作都需要依赖其他部门的配合，团队之间的协作是很重要的，公开透明能减少很多沟通成本和误解，你可以随时了解其他团队的工作方向和进度，也能促进部门间的合作，最终实现组织的大目标。

3. OKR 打分，不是越高越好

在绩效考核里，当然是分数越高越好，但 OKR 却不是。一般来说，KR 是用 1 的标准来设定的，是无法得到 1 的结果，如果达到了 1，就说明这个目标设定得太低，没有激励性。

OKR 不与 KPI 结合，可以割断与绩效奖金分配之间的关联。一个突出的表现就是主管在给员工评分时没有了顾忌，OKR 分数的高低不会影响员工的绩效奖金分配，这样的评分就会更加客观和公正，而且可以在 OKR 整个组织内进行比较，强调透明。

5.1.2 OKR 与绩效考核的理念不同

"绩效管理"这个概念出现在 20 世纪 70 年代后期，在美国管理学家奥布里·丹尼尔斯提出的理论框架中，绩效管理是一个完整的系统，它把员工绩效和组织绩效相结合，将绩效管理提升到战略管理层面。KPI 衡量重点经营活动，不反映所有操作过程，有利于公司战略目标的实现。

绩效考核的核心理念之一是对绩效结果负责。当进行员工绩效考核时，通过绩效评估给出绩效评分，没有实现的指标就要扣分，再进行绩效面谈和反馈，指出员工绩效考核中存在的问题，扣分的出处在哪里，在下个考核周期里应该如何改进，从而进入 PDCA 循环，即计划（plan）、执行（do）、检查（check）、调整（Adjust）。

绩效考核的核心理念之二是绩效分数与奖金等级挂钩。绩效考核的分数高低，与绩效奖金的多少是对应关系，很多企业对绩效考核进行评分，因为分数与奖金挂钩，所以很多时候，员工的绩效分数都很高，为了区别绩效等级，会人为使绩效分数符合正态分布，从而对不同等级的绩效给予不同的绩效奖金，达到绩效激励的效果。正因为绩效考核分数与奖金挂钩，导致一线经理人不能客观公正地打分，营造出你好我好大家都好的一团和气现象。

绩效考核的核心理念之三是绩效指标尽量量化。目前绝大多数组织的绩效考核工具是 KPI，KPI 的核心是指标要量化、数值化，这就导致了一种结果，凡是不能量化的指标，就不能纳入考核，因此造成了 KPI 的绩效考核形成了固化的模式，考核前先要设定出量化的指标。对于业务部门如销售、生产等部门而言，因为产出比较好量化，KPI 比较容易设置：销售收入、利润、回款、毛利、客户数量、新客户开发、产量、质量、合格品率、废品率、单耗，等等。而对于非业务部门如人事、行政、财务、法务、IT、开发等部门而言，KPI 的量化指标很难设定，因为这些部门的产出不是唯一的，结果也不是可控的，这就造成 KPI 的量化指标很难设定，KPI 在这些部门的考核，很难落到实处，成为为考核而考核的形式主义。

整个 20 世纪的下半叶，是绩效主义的繁荣时期，所有明星企业都是绩效达人。曾被公认为"世界第一经理人"的通用电气前 CEO 杰克·韦尔奇，在其自传中就写道："如果说，在我奉行的价值观里，要找出一个真正对企业经营成功有推动力的，那就是有鉴别力的考评，也就是绩效考核"。

2006 年，索尼公司前常务董事土井利忠（笔名天外伺朗）发表了一篇名为《绩效主义毁了索尼》的文章，在这篇文章里他指出，索尼引入美国式的绩效主义，扼杀了企业的创新精神，最终导致索尼在数字时代的失败。

在 20 世纪八九十年代，索尼因半导体收音机和录音机的普及，实现了奇迹般的发展。但是到了 2006 年，索尼已经连续 4 年亏损，2005 年更是亏损 63 亿美元。土井利忠将失败的根源归结于绩效主义：

1）绩效改革，使索尼子公司总经理要"对投资承担责任"，这就使得他们不愿意投资风险大但是对未来很重要的技术和产品，而更愿意做那些能够立竿见影又没有多大风险的事情。

2）绩效制度的引进让每个业务单元都变成独立核算的经营公司，当需要为其他业务单元提供协助而对自己短期又没有好处的时候，大家都没有积极性提供协作。为了业绩，员工逐渐失去工作热情，在真正的工作上敷衍了事，出现了本末倒置的倾向，索尼就慢慢退化了。

土井利忠的观点，如同在全球管理界投放了一枚炸弹，它几乎摧毁了制造业者的价值观基石。在十几年后的今天，重新回望他的观点，有3个角度可以进行认真的商榷：

其一，索尼的衰落，是绩效管理导致的结果，还是决策层战略安排的失误？

在过去的十年里，韩国三星的崛起与索尼恰成反例，它同样执行的是美国式的绩效薪酬制度。李健熙将经营权和责任全部分配给具有专业资质的各子公司的社长，对各子公司经营层实行的是"明确经营的完全责任、赋予履职的足够权限、按照绩效奖励团队"的管理模式。在三星的经验中，绩效薪酬有力地扭转了原有的僵化体制，激活了分（子）公司经营团队，助推三星成功实现向新经营方式转型。在中国，富士康和华为无一不是绩效主义的忠实执行者，甚至他们引入了更为严格的军事化管理模式，将绩效目标的实现推向极致。

其二，互联网公司的成功，是去KPI的胜利，还是新的绩效目标管理的结果？

无论是Facebook、Amazon（亚马逊）还是中国的BAT（百度、阿里巴巴、腾讯），无一不是强绩效型企业。所不同的是，它们的绩效目标并不仅仅是考核利润，而是考核用户，如用户的数量、留存率、活跃度、获客成本及客单价。

也就是说，互联网公司的绩效模型是以用户为核心而展开，而索尼、通用电气等制造业企业的绩效模型是以商品为核心的。关键不是没有KPI，而是KPI的指向体发生了微妙的改变。

无论如何变化，绩效以及与绩效相关的目标管理，仍然是企业管理的基础性工作。

其三，索尼的高管"不愿意投资风险大但是对未来很重要的技术和产品"，是绩效目标造成的，还是组织模式落后造成的？

互联网改变了信息流动的方式，进而改变了企业运营的模式和对效率的定义，这个变化对企业的组织架构提出了严峻的挑战，越是大型的企业，遭遇的困难越大。

企业内部创新能力的激发，并不以放弃管理，特别是放弃绩效管理为代价，而是应该在企业运营模式上进行自我革命，形成目标高度一致、管理空前扁平、自我驱动的特种兵机制。组织架构的变革意味着权力的放弃和重组，在进化的意义上，这是最为致命的，甚至失败是大概率事件。这也是诺基亚、通用电气、西门子等优秀企业陷入困境的原因。

5.1.3 绩效考核在国内应用的不同模式

关于绩效考核，国内企业应用的普遍状态是都很弱，主要分为四种情况：

A：根本没做，就是在年底搞一次360度评分。

B：针对销售人员进行了绩效考核，以KPI业绩指标为考核，实行销售业绩提成。

C：用BSC的思想结合KPI指标进行考核，考核到部门，也就是组织绩效考核不到个人。

D：用KPI结合个人行为考核到员工。

国内的企业，大部分在A和B阶段，即便是已上市的公司，大部分也是如此；国企和央企，以及一些50强的民企可以达到C阶段；只有极少数著名企业达到 D 阶段，是全员考核。所以正是因为绩效考核的缺失或不理想，才激起了许多企业开始尝试新的工具和方法，以为用 OKR 可以替代绩效。所以正是有了这样的思想，才会将 OKR 当作绩效考核来用。

A 考核模式，没有平时的月度、季度考核，只是到年底了，为了发年终奖有依据，就在年底做一次 360 度评分，这种做法在国企还是比较普遍的。所谓 360 度评分，就是每位被考核人的上级、下级、平级，对被考核人进行考核评分，有些岗位还会要求客户也打分，这样的过程貌似公开、透明，但其实很费时，而且也很难做到真正的客观公正，因为大家都有这样一种想法"我怎样对别人，别人也会怎样对我"，所以你好我好大家好的思想很普遍，对工作并不能产生实际效果。

B 考核模式，对销售、业务人员用 KPI 考核，比较流行，因为这些岗位的考核指标比较好设定，如销售收入、利润、毛利、回款、客户数量等，相对比较好衡量，而且在业内也都通用，只是调整指标值而已，大家的接受程度比较高。但这些考核指标，对于相对成熟的业态比较适用，如快消品、工业品、连锁经营等，而对新经济环境下的大数据、人工智能、云计算、区块链等业态，却很难事先定出销售收入、利润，而回款又是互联网销售中最不担心的，所以也会面临很大的不确定性挑战。

C 考核模式，主要是深受 BSC 思维的影响，对组织提出了四个维度的考核要求，分别是财务指标、客户、内部运营、学习与成长四个方面，从公司或集团到各分公司再到各事业群再到各部门，层层分解，因为考虑到个人无法承担四个维度的指标，所在没有再分下去。这在国企比较普遍，而且由战略规划部负责考核组织，由人力资源部门负责考核个人。这样的一套考核方案，其实存在着体系设计时的缺陷，因为考核没有分解到个人。个人是组织的最小单位，所有的工作都要由个人完成，但在 C 考核模式中，组织的目标并没有分解到个人，而且又是两个不同的部门在推进，就造成了个人的工作与组织的考核是脱节的，从而组织的目标最终无法落地执行。

D 考核模式，目前主要是以华为的 PBC（个人业绩承诺）为代表组织的目标，得到全员执行，华为 PBC 的主要内容如下。

第一部分：个人目标承诺，包含 3 个方面。

（1）个人业务目标承诺。做什么业务就有对应的业务目标去承诺。例如，市场目标可能就是客户覆盖率、高层客户管理等。

（2）个人重点关注的项目。比如重点交付项目，涉及几亿美元，可能全年就做这一件事情，那这个项目的完成情况就是全部的 KPI。

（3）年度组织建设与管理改进目标。需要注意的是，管理类的任务，不是一朝一夕就能完成的，它需要时间，特别是人力资源管理，从制度设计到最后落地，可能需要 10 年才最后有结果。

华为强调延续性，管理一个公司不在于你引进了多么先进的思想，而是把这些东西固化到日常行为当中，还能够不断地加强。

第二部分：人员管理目标承诺。

这部分适用于管理者。在华为，管理者需要根据组织的挑战去设定人员管理目标，包括人才培养、人才引入、知识共享、知识建设等。

第三部分：个人能力提高目标。

用 PBC 的模式，把个人需要成长的地方列出来。华为前些年推进国际化，每个人要考托业，总分要超过 600 分才是及格。学英语，这就是个人提升的目标。

5.2 两者在实践中的冲突

考核还是不考核？

在 2016 年某品牌手机的年会上，其 CEO 说，"年初，我们定了一个 8 000

万台的销售预期，不知不觉我们把预期当成了任务。我们所有的工作，都不自觉地围绕这个任务来展开，每天都在想怎么完成。在这样的压力下，我们的动作变形了，每个人的脸上都一点一点失去了笑容。"于是，CEO 提出，"所以我们定下了 2016 年最重要的战略：开心就好。我们决定继续坚持'去 KPI'的战略，放下包袱、解掉绳索，开开心心地做事。"

一年的时间转瞬即逝。在 2017 年的年会上，过得并不太开心的 CEO 说："天上不会掉馅饼，撸起袖子加油干。"当一个人撸起袖子的时候，一定不可能面带微笑，更不可能只是"开心就好"。CEO 为公司的手机品牌定了一个小目标，它被定格在一幅大屏幕上："整体收入破千亿元。"

千亿元就是 KPI，KPI 就是绩效。你在，或不在，它都在这里。

OKR 考核"我要做的事"，KPI 考核"要我做的事"，理解不同，但二者都强调有目标，同时也需要有执行力。OKR 的思路是先制定组织目标，然后对组织目标进行不断细分，直到无法分解，从中挑出具有可挑战性的目标（O），设定 KR（关键结果），以上级的 KR 是下级的 O（目标）为逻辑关系，层层分解到个人。**这里的关键是，并不是所有的目标都可以成为 O，只有可挑战的目标才能成为 O。**

而 KPI 的思路也是先确定组织目标，然后对组织目标进行分解，能量化的尽量量化，直到个人目标。KPI 对量化的指标更关注，非量化的指标，因为不好衡量，KPI 的关注度就低很多，另外与 OKR 相比，**KPI 只是分解目标，将目标尽量量化，而没有关注实现目标的过程，所以 KPI 只能相对而言是听话照做，关注结果。**

另外，OKR 与 KPI 相比，还有以下几点区别：

首先，是科学思考。因为 OKR 是以目标管理为导向，这就要求人们在实施 OKR 之前，要更多地思考，我们到底要做什么，什么才是未来，从愿景和战略的角度去思考，不断拓宽格局和开阔视野，向上看，不能只是为了做生意和赚钱，否则势必会在未来迷失自己。而目前所用的 KPI 更多是站在目标之下，不断设定各种指标，来证明目标的完成，很少会检视目标是否正确、有效。

其次，是高效交流。OKR 更多的是一种沟通的工具，因为有野心的目标是要不断去诠释的，也是要不断去鼓舞的，上下级目标设定的交流、月度跟踪的交流、季度评估的交流、员工大会的交流等这些不同场景的充分交流，就能够使 OKR 的方向越来越清晰，每个人的工作也就会更加有成就感。而 KPI 只有在绩效评估时才会做一次上下级的绩效面谈，这种沟通又会因为分数的高低影响绩效奖金的分配，所以很难做到敞开心扉。

再次，是衡量紧张程度的指标。OKR 追求的是有野心的目标，因此目标设定时要有一种紧迫感，让人有一种深深吸一口气的感觉，这时就会因为有一点紧张而产生兴奋的作用，就像运动员在赛场比赛一样。而 KPI 在大多数时候，每次制定的考核指标很少有变化，因为能量化的指标并不多，这就会逐渐导致员工对考核不重视。

最后，是集中所有人的力量。正是因为 OKR 的上下同欲，就会产生强大的磁场，将所有人凝聚在一起，为了一个共同的有野心的目标而努力奋斗，这种力量会产生越来越强大的能量。而 KPI 并没有这种能量，因为 KPI 更多是为了考核，是一种被动的服从，不会产生凝聚力，自然也不会吸引所有人的力量。

5.2.1　如果都做有挑战性的目标，基础工作谁来盯

管理基础工作是指企业各项生产经营业务中最基础的记录、数据、标准和制度。这些记录、数据、标准和制度是企业发挥其经济功能和社会功能的基础，是完善各项管理工作，特别是完善企业内部管理和其他责任制度的必要条件。企业管理基础工作的内容主要包括信息工作、标准化工作、规章制度、定额工作、计量和检测工作、教育培训等六个方面的内容。

管理基础工作是"地基",专业管理、综合管理是"楼层",地基如果扎实,则大厦稳固,否则将屋倒楼倾。管理基础工作是实现综合管理和专业管理的基础和前提,管理基础工作也只有与综合管理、专业管理相结合才具有存在的意义。

因为管理基础工作是常态化的,是不断要重复做的事,不具有可挑战性和创新性,所以不是 OKR 的适用范围。

OKR 的一个重要的特性是设立的目标要有野心、有挑战性。不希望目标在考核期内就达成,这点同样是 OKR 突破 MBO 的地方。既然 OKR 追求的是有野心、有挑战性的目标,那么那些日常的工作、流程化的工作,自然就不能纳入 OKR 的目标中,因为那些工作是没有挑战性的。在 Google、Intel、Microsoft、Linkedin,为了突出 OKR,他们已放弃了 KPI 考核,因为这些公司,运用 OKR 已有很长一段时间了,早已形成有自己特色的 OKR 做事风格、文化、效率,也打造出了一支优秀的团队,人人都能在 OKR 的氛围中进行有效的沟通、合作、讨论,人们对工作的结果也都达成了较高的默契程度,形成了较高的职业化素养,每个人都会做好自己的本职工作。

OKR 在中国的实践目前还只是逐渐升温,刚刚开始被中国企业所认识,OKR 的知识也还在普及中,尚未形成一股潮流,试用的企业也还在摸索中,没有形成真正的合力和效能。也就是说,Intel、Google 这些公司**在 OKR 的应用中,好比是壮年期和青年期,而中国企业在运用 OKR 方面则还是在婴儿期,这是一个很重要的问题,对于还是婴儿期的中国企业,在学别人壮年或青年期的经历,如何才能学到真传?**

就中国目前企业运营和管理的现状,去 KPI 可能无法做到。绩效考核思想及 KPI 工具自 2000 年年初引入我国,已历时近 20 年,对国内各行各业的企业管理者,产生了深远影响,没有考核是万万不能的。没有绩效考核,对老板来说是不踏实的，那么多的关键节点，没有考核那还不乱套了。而对员工来说，没有了绩效考核，那当初谈的 Offer 中，绩效奖金就没有了，员工也不会同意，更重要的是，心态也会不好。

OKR 是追求有挑战性的目标，但那些基础的、日常的、流程化的工作还需要有人做，而且还要做到位，不能出错。因为如果日常工作不能有效完成，就会直接影响 OKR 的执行。等修补完这个洞，再带领 OKR 团队向前冲，没走几步，又因为"后院失火"，再回来救火，几经折腾后，OKR 定下的目标也就散了，员工士气也没有了。所以 KPI 绩效考核就是很适合于日常的考核，经过近 20 年绩效考核的应用，能量化的 KPI 的指标已形成了一个基本完善的指标库，用于日常工作的考核，也已形成体系。因此，现阶段的中国企业，还不能放弃绩效考核。

正是因为 OKR 与 KPI 各自追求的不一样，一个企业如果都去追求有挑战性的、有野心的目标，而忽视了基础性的日常工作，就会造成因基础工作的疏忽，而"后院失火"，严重影响公司的声誉和信誉，所以这些日常工作的监控，就要靠 KPI 来实现，只有地基打扎实了，才能盖起高楼。

5.2.2 绩效是强制性的，OKR 是自动自发的

绩效的强制性主要体现在绩效结果的强制正态分布的"活力曲线"上，如图 5-1 所示。

对强制分布考核法运用最成功也最为出名的案例是通用电气董事长兼 CEO 杰克·韦尔奇的"活力曲线"，他在著作中这样描述："活力曲线"是我们区分 A 类、B 类和 C 类员工的动态方法。将员工按照 20:70:10 的比例区分出来，逼迫管理者不得不做出严厉的决定。对 20% 的 A 类员工，韦尔奇采用的是"奖励奖励再奖励"的方法，提高工资、给予股票期权以及职务晋升。A 类员工所得到的奖励，可以达到 B 类员工的 2~3 倍；对于 B 类员工，也根据情况确认其贡献，并提高工资。但是，对于 C 类员工，不仅没有奖励，还要从企业中淘汰出去。

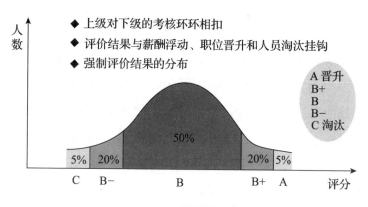

图 5-1 绩效考核强制分布图

做出这样的判断并不容易,而且也并不总是准确无误的。是的,你可能会错失几个业务明星或者出现几次大的失策——但是你造就一支全明星团队的可能性却会大大提高。这就是如何建立一个伟大组织的全部秘密。一年又一年,"区分"使得门槛越来越高并提升了整个组织的层次。这是一个动态的过程,没有人敢确信自己能永远留在最好的一群人当中,他们必须时时地向别人表明:自己留在这个位置上的确是当之无愧。

但随着人才日益成为企业的核心竞争力,以及用工市场人才的短缺日趋严重,越来越多的企业在"活力曲线"的应用中,对最后 10% 的 C 类员工,不再以除名的方式进行残酷淘汰,而是以合适的薪酬和岗位与之匹配,因为这里的 C 类只是以绩效作为唯一的维度,不能全面评价 C 类员工的潜能。

而 OKR 则是自动自发的,OKR 的关键结果是公开透明、大家认同的,因此,它更强调员工自我驱动、自我激励、自我评价,更强调目标实现过程的团队合作、平行协同。它的资源配置跟 KPI 也不一样。KPI 的资源配置采用非对称动机原则,就是把资源配置在关键成功要素上,通过 KPI 来牵引组织资源,牵引优秀的人才,牵引员工努力的方向。但是 OKR 采用的是对称动机资源配置原则,是根据不确定性来配置资源,根据客户的需求来配置资源,根据企业的战略发展阶段来配置资源,根据目标的进程来配置资源,因此它的资源配置是不确定的、是动态调整的。

OKR 一定要调动员工的野心，激发员工的最大潜能，要让员工使劲"够"，不一定"够"得到，而且只能"够"到 60%～70%。OKR 鼓励员工自己确定一个具有挑战性的、具有野心的目标，通过 3+2 模式，来指定在实现目标的过程中有哪些关键注意事项，在不断迭代、不断修正的过程中，朝着目标去努力，因此更强调员工的参与，有利于员工的创新与能量释放。

5.2.3 如何防止员工只做绩效考核的工作

前 IBM 公司总裁路易斯·郭士纳曾说过："人们不会做你希望的，只会做你监督和检查的。"这句话道出了管理的精髓。对于管理者来说，如果你想强调什么，那么你就去检查什么。如果你不检查，就等于不重视。没有人会在意一项管理者不去强调和检查的工作。

由于绩效考核与个人收入密切相关，员工势必以考核指标为导向，考核细则中规定的事情就做，考核细则中没有规定的事情就不做。办公室文员为了达到考核标准，天天上班不迟到、不早退、不违纪，但分外的事情一件也不做，因为考核细则中没有规定。事情做到什么水平，也是看考核的要求，于是看起来公司的员工每个人都在忙忙碌碌，文员为了博得考核者的好印象不断地敲打键盘；销售人员为了完成销售的指标整天在外面奔波；研发团队一个星期就提出一个产品方案；公司高管天天开会研究解决问题。但这些都是浮云，都是为了完成考核细则和标准而做的，并不是从企业的长远发展而做的行为。员工工作的兴趣、热情、创造性和团队精神这些极有价值的东西被考核要素和标准所取代了。

在绩效考核的指挥棒下，员工的工作业绩和公司利润得到了较大的提高，甚至出现飞跃，但这同样是浮云。一方面，由于员工的绩效考核的结果与其工作目标密切相关，在考核的指挥棒下，员工更倾向于提出容易实现的目标，其结果是人人都达到了良好的业绩指标，员工的挑战精神消失了。另一方面，为了业绩考核优秀，员工更倾向于做那些立即能产生结果的行为，即追求个人的眼前利益。

比如，有的生产工人为了完成生产定额，对水龙头坏了一类的事情视而不见，也不向管理部门汇报；而有的销售人员为了达到完成销售任务的目的，不惜采取涸泽而渔的方式，冲刺业绩，然后再以退货的方式返回；有的财务人员为了迅速收款，不惜破坏公司与客户多年来的默契；有的研发人员为了完成研发任务，不惜剽窃他人专利，以缩短研发周期。索尼公司前常务董事土井利忠甚至认为"因实行绩效主义，在索尼公司内追求眼前利益的风气蔓延。这样一来，短期内难见效益的工作，比如产品质量检验以及'老化处理'工序都受到轻视。"

绩效考核的工作不是公司的全部工作，公司还有很多工作在现阶段的绩效考核衡量指标中，因为不能量化而没有被纳入考核指标，但这部分的工作往往占有很大的比例，不能因为没有纳入绩效考核就不做了，有些工作的紧急度可能比绩效考核的工作更迫切。另外，面对创新的新业务、技术研发等项目，因为没有形成模式和定型的产品，所以很难用绩效考核指标来对每个参加项目的人设定指标进行考核。但不能因为没有考核，就不做。因此在绩效考核的推进中，考核指标的工作一定不是工作的全部，因此在日常工作和例会中，布置的各项工作要作为绩效考核的补充，一并纳入到工作中，才能确保各项工作开展。

从表5-1中可以看出KPI与OKR的区别，KPI作为绩效考核的工具，以结果为导向，以得到绩效考核分数为目的，而且经过近20年的演变，KPI形成了较为强大的指标库，也就是说大量的日常工作和经验，能作为考核指标的，都已开发出来，因此日常工作的KPI指标化已形成。而OKR是要不断创新，作为目标设定要有挑战性也要有野心。OKR是一个相对长期的目标，而且允许有试错机制，因此二者各自的侧重点不同，KPI绩效考核是为了眼前的目标完成，OKR则是为了长远的愿景的实现。

第 6 章
OKR 与绩效考核的并存

OKR 与绩效考核两者不存在相互替代的关系，而是可以相向并行，甚至可以融合使用的。在传统企业里面，KPI 是不可替代的，尤其是很多企业在一个相对成熟的产业领域里面，组织结构相对稳定，商业模式也相对稳定，KPI 有利于企业战略聚焦与落地。而很多新兴的产业不成熟，商业模式处于探索期，企业的战略方向不明确，战略目标无法明确确定，组织结构不稳定，组织内部角色有重叠，业务工作创新性强，企业内部又是项目制运作，需要平行协同与合作。对于这类需要更多地发挥员工的主动性和创造性的行业或者企业来说，OKR 可能是一种值得引进的新的目标管理工具。

雷军说小米没有 KPI。小米不是没有 KPI，而是没有传统意义上的以股东价值最大化为原点，以财务指标为核心的 KPI（如利润、销售收入指标），但小米有以用户价值为原点的考核指标，如路由器销售的考核，不是考核卖出去多少台路由器，而是考核用户的活跃度有多高，用户是不是真的使用了这些功能。小米鼓励员工以用户为中心，用户对产品体验的满意度就是考核指标。因此，小米不是没有考核指标，追求用户满意度就是小米战略成功的 KPI。例如，手机维修需要在 1 小时内完成，配送的速度要从 3 天减少到 2 天，客户的电话接通率要达到 80%，等等。从这个角度来讲，小米是有 KPI 的，因为能不能量化，本身就是 KPI 思维。

可见，就算没有以财务指标为核心的 KPI 这种形式，也并不等于没有 KPI 的管理思维，OKR 和 KPI 是相向并行的，适合不同的企业，适合企业不同的发展阶段，在同一个企业针对不同类型的员工，有的可采用 KPI，有的可采用 OKR。

6.1 现阶段的国情需要绩效考核

针对上述绩效观点，管理学界也带来了新的建议。大部分高管认为，绩效的实验并没有停止，在新的格局下找到小的突破口将成为企业绩效快速超车的途径之一。

下面是引用的几位专家的话，分别代表了几个观点。

（1）"绩效管理没有问题，但企业需要优化绩效管理的方式。"㊀——小村资本合伙人兼首席战略官　陈雪频

"在过去几十年，大公司发展出了一整套绩效管理体系，有各种各样复杂的衡量指标，以及各式各样的评估方法，它们努力用科学的方式去评估一个人的价值。这种做法的目标在于保持管理的一致性和科学性，隐藏的逻辑是对人的不信任和控制。在相对静态的大规模生产的工业社会里，这种精细化的绩效管理方式有它的合理性，但也容易引发各种形式主义和办公室政治，扼杀创新行为，容易引发知识工作者的反感，这也是索尼衰落的原因之一。

在强调创新创意的知识组织里，管理的目的不是控制人，而是激励人心，激发他们的潜能，让他们做出更多创新。

基于此，知识类企业需要优化绩效管理方式，大幅削减评估指标，只关注

㊀ 巴九灵. 不用绩效的公司会死？乱用的公司死得更快！［EB/OL］.（2017 - 02 - 13）. https：// mp. weixin. qq. com/s？ src = 3&timestamp = 1556003896&ver = 1&signature = dt5gKdtvVAbBV0d - XT0yLGtXyoy2 ∗ SSnyPoK5uo ∗ RfRfRaIQyoX4u8xDMo1LSqEBRpKV - DF - u ∗ yNKR4JeVVhMTfT9YQS6b7 ∗ iIyHsPIlHy ∗ rbLLRsgmp ∗ ET6Iqso935bxWEo0 ∗ 6i - XMc1wGAr3BkKPqCVPYNZA9lIohXdv200wY =

总体目标和关键结果，并增加对创新行为的鼓励。互联网公司也不要走另一个极端，认为不需要绩效管理了，要知道谷歌和腾讯这样的互联网巨头都有绩效管理体系，只是需要优化和简化绩效管理方式。"

（2）"企业绩效目标和个人绩效考核是两件事。"——明道创始人 任向晖

"制定企业战略和围绕战略的绩效目标，并为了成功而努力，是企业制胜的关键。但是我发现大多数人关心的不是这个，而是围绕个人绩效的分配方法。我们说的 KPI，不仅仅是为了战略服务，更是为了决定如何分配奖金。

今天的绝大多数行业，尤其是现代服务业中的复杂协作已经让个人绩效和企业最终绩效的直接相关度大幅下降。每个岗位要有最终的产出结果，不是依赖别人的 10%，而是依赖 90%。所以，我觉得吴老师的文章[一]真正的含义在于'企业绩效目标万岁'，但我觉得绩效考核更应该作为协作指标看待，而不是单纯的个人主义。"

（3）"KPI 不是万能的，但没 KPI 则是万万不能的。"——财经作家 杜博奇

"绩效管理是实现盈利的工具和手段。将预先设定的经营业绩层层分解，形成考核指标，落实到每一个具体的岗位和员工头上，其作用类似于'萝卜和大棒'，通过施加'奖励和惩罚'，激发人的'动力和压力'，驱动全体员工为了业绩目标而工作。"

6.1.1　绩效文化的沉淀有助于 OKR 的应用

绩效文化是指企业基于长远发展方向和愿景，通过对公司战略、人力资源、财务、团队建设等一系列有效的整合与绩效评价、考核体系的建立与完善，让员工逐步确立企业所倡导的共同价值观，逐步形成以追求高绩效为核心的优秀企业文化。具体表现为组织的简约、流程的畅通、工艺的改进、工作的熟练，

[一] 此处指的是《吴晓波：绩效主义万岁》一文，载于吴晓波频道，2017–02–08。

员工的职业化，等等。

通用电气前CEO杰克·韦尔奇认为："我们的'活力曲线'之所以能有效发挥作用，是因为我们花了十年的时间在我们的企业里建立起一种绩效文化。"

IBM公司前CEO路易斯·郭士纳认为："最优秀的公司领导人会给自己的公司带来高绩效的公司文化"，"拥有高绩效文化的公司，就一定是商业领域的赢家"。

从管理思想和工具的演变（见图6-1）中可以看出，有两座"里程碑"，一座是"科学管理"，另一座是"MBO目标管理"。科学管理（scientific management）是以美国F. W. 泰勒为代表的管理阶段、管理理论和制度的统称。主要内容包括：工作定额、挑选头等工人、标准化、计件工资、劳资双方密切合作、建立专门计划层，等等。泰勒的科学管理的突出贡献是：其一，强调运用科学而非经验的方法来研究企业管理活动；其二，强调建立明确的、量化的工作规范，并且将这种规范标准化；其三，强调根据工作的标准化规范，对工人进行挑选和培训，提高工人的工作技能，以获得更好的工作业绩；其四，强调管理者应该为下属的工作业绩负责，要求管理者做好预先的计划，建立明确的工作规范。科学管理原理的核心是寻求最佳工作方法，追求最高的生产效率，至今对生产、制造型企业，依然还在产生深远的影响。

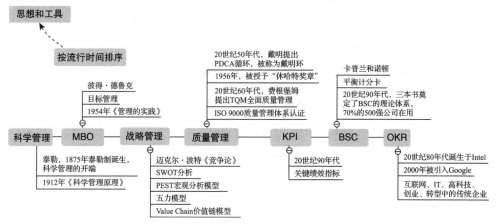

图6-1 管理思想和工具的演变

而 MBO 由美国管理学大师彼得·德鲁克于 1954 年在其著作《管理的实践》中最先提出，其后他又提出"目标管理和自我控制"的主张。自 MBO 之后的管理理论，如战略管理、品牌管理、营销管理、质量管理、绩效管理、BSC 平衡计分卡、KPI 关键绩效指标等管理思想，都是 MBO 一脉的不同分支，都有 MBO 的影子。

OKR 也源自于 MBO，因此 MBO 的基础理论和框架，自然也适用于 OKR，OKR 是 MBO 的迭代，除了 O 与 MBO 一样要进行分解外，针对每个 O，需要设立 KR 来支持 O 的实现，而这是，OKR 与 MBO 的最大区别。如果企业本身已具备了良好的绩效考核体系，也形成了一整套有效的目标管理实施方法，那对 OKR 的导入就会很好地适应，因为在一个目标管理的框架下，理念是相通的。

正是因为 OKR 和绩效管理都是同属于 MBO 流派，所以都具有目标分解的相通之处，在没有引入 OKR 之前，如果企业有长期的绩效管理的运作，已形成了一套完整的绩效流程：目标设定、目标分解、设定 KPI 考核指标、绩效实施、跟踪、评估、反馈、面谈、奖惩，那对于 OKR 引入就有了良好的基础。

如果企业之前没有绩效考核，也没有形成良好的绩效文化氛围，那在引入 OKR 时，就要重新建立起一套完整的 OKR 流程：按 OKR 的目标设定、分解目标、公开透明、KR 评分、表彰等环节一一完成，也能够完整地建立 OKR。

6.1.2 高素质的职业经理人确保 OKR 不离初心

前面讲过，在 Google、Intel 等公司已去除了 KPI 绩效考核，采用的是 Peer Review（同事评估）也就是国内的 360 度评估，在国内主流绩效考核工具中，360 度是非主流的，因为在中国目前的环境中，大家本着我怎么对别人，别人也会怎么对我的态度，所以一团和气，在此不展开对 360 度的分析。

Google、Intel 这些公司去除了 KPI 考核，是因为通过几十年的发展，这些公司的绩效文化已形成，同时培养了大批高素质的职业经理人，他们已具备了高度的职业化，知道该做什么（见图 6-2）。

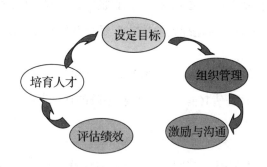

图 6-2 高级经理人做什么

彼得·德鲁克在《卓有成效的管理者》一书中说道，经理人是企业中最昂贵的资源，而且也是折旧最快、最需要经常补充的一种资源。建立一支管理队伍需要多年的时间和极大的投入，但彻底搞垮它可能不用费多大劲儿。

企业的目标能否达到，取决于经理人管理的好坏，也取决于如何管理经理人。而且，企业对其员工的管理如何，对其工作的管理如何，主要也取决于经理人的管理及如何管理经理人。企业员工的态度所反映的，首先是其管理层的态度。企业员工的态度，正是管理层的能力与结构的一面镜子。员工的工作是否有成效，在很大程度上取决于他被管理的方式。组织的目的是使平凡的人做出不平凡的事。因此经理人具有五项工作。

1. 设定目标

如果缺乏目标，根本就无从管理，因此，经理人务必先进行"目标设定"，才能进行"有效管理"和"目标管理"。但是如果要实现"目标管理"，就必须要有"自我控制"，"自我控制"意味着更强烈的工作动机。为此，我们才要制定更远大的愿景与更高的绩效目标。

当我们明白了这句经典的问句"我们的事业是什么？我们的事业将会是什么？我们的事业究竟应该是什么？"之后，才能做目标设定这个重要工作。

"目标管理与自我控制"也被称为"管理指导"，因为它是奠基于有关管理工作的概念，同时也是针对经理人的特殊需要对面临的障碍所做的分析。

因此经理人务必给予下属充分的信息，以便于下属进行"自我启发、自我督促及自我控制"，并且使其能进行"自我绩效的评估"。

2. 组织管理

经理人为了实现组织设定的目标，就要围绕着目标，动用一切资源，不光是人，还有财力、物力、IT系统、客户资源、品牌资源等，还要分配资源，从组织设计到人力分配，到市场策划，再到组织运营等，使得全公司的资源集中到为了实现目标而进行的配置。其中，最重要的就是人力，就是找对人，放对位置，让他做对的事。如果一个人不适合某项工作，就不要把这个人放在那个位置上。根据个人的长处授予责任，以便于任务的达成。

3. 激励与沟通

激励不是来自于外在，而是来自于内在。所谓的内在指的是在员工工作的时候协助他们，让他们有效工作。通过提供合适的工具和充分的信息让员工拥有必需的资源，从而让他们越做越好，越做越有成就感、满足感和归属感，这是激励员工的关键。

经理人除了激励员工之外，还要和员工沟通。为什么要和员工沟通？因为如果不沟通的话，就会出现问题。即使员工做得好，也要沟通。例如，问问他，为什么他会做得好。如果员工做得不好，更需要沟通。可以通过沟通让他知道，他可能走偏了，可以通过沟通帮他纠正。这就是沟通的重要之处。

通过每周、每月、每季度、每半年的沟通，并且通过自下而上的有效沟通，管理者再自上而下地进行协助与激励，使员工能实现目标，完成任务。

4. 绩效评估

绩效评估有两个很重要的方面：一个方面是员工对自我的绩效评估，另一个方面是上司对员工的绩效进行的评估。只有这两个方面取得了共识，绩效评估才是有效的。也就是说，员工要从绩效评估的结果中知道，自己的长处到底在哪里，自己的弱点又是什么。这样，企业也会清楚一个员工未来可能发展的空间，是要让他担任企业内的咨询顾问，还是要把他提拔到一个更高的位置上去？甚至，是不是要把他安排成未来的接班人？绩效评估的结果会给出答案，这是绩效评估的作用。

绩效评估的目的在于了解自己的长处，并且发掘机会，从而使员工的能力得以充分发挥，员工的使命得到充分体现。

5. 培育人才（包括经理人自己在内）

如果企业没有培育人才，人才断层了，那这个企业就会萎缩了。要培育人才除了正常培训、"自我学习、高度的自我评估"之外，更值得一提的是应当以"目标管理与自我控制及绩效评估"为经营的核心主轴。很多企业有好的产品、好的服务、好的市场，问题就是人才断层了，人跑掉了，或者是企业不愿意培养人，因为企业认为，就算培养了10个人，也会跑掉8个人。

培育人才不仅仅是指培育别人，更重要的是，要培育自己。也就是说，经理人自己要不断地培养自己，让自己成为真正有用的人才。有很多企业的高管，他们非常会培养他们的下属，他们的下属个个都是精英，个个都是人才，可是他们忘记培养自己了。他们不看书、不进修、不思考，虽然工作的熟练度提高了，但是在思想上却没有任何进步，也就是到了职业的天花板，这是很可惜的。如果这些高管能够培养自己，让自己成为企业中的大将，那无论对他们自己来说，还是对企业来说，都是非常好的事情。只有这样做，才是真正发挥了人才的作用。

有了这样一支高素质的职业经理人队伍，就好比有了一支个人素质过硬的特种部队，打什么仗，那是战略问题，怎么打仗，那是战术。而 OKR 就是战略＋战术，明确目标，明确任务及实现效果，做好资源配置、行动方案、情报侦察、通信联系，而最终是靠素质过硬的突击部队去完成。

高素质的经理人具有较强的专业素养和能力，在商场犹如战场的商业环境中，随时能够在外部市场环境、用户需求、高科技的应用、商业模式的创新、行业发展趋势、国际形势变化等各种复杂的条件下，做出准确的反应。如果没受过良好的专业训练，管理者的敏锐度就会大大降低，反应就要慢一二拍，那失误就会增加很多，失败的概率就会大很多。

6.1.3 绩效奖金是薪酬的固定组成部分

在职场中，很多人都会有找工作、谈 Offer 的经历，一般情况下，Offer 会包含以下内容：

1）职位基本信息：如职位名称、所在部门、职位等级、汇报关系等内容。

2）薪资福利情况：如试用期规定、具体薪资构成（基本工资、绩效工资、绩效奖金、年终奖等）、试用期薪资、福利状况等。

3）报到事宜：如具体联系方式、报到时间、地点、报到需要带的资料等。

4）其他说明：如回复 Offer 的形式、公司的培训、发展等补充说明。

在国内目前的情况下，绩效奖金是工资的组成部分，从谈 Offer 到入职都贯彻始终。因此要是公司取消了绩效考核，就会出现绩效奖金如何发的问题，如果没有考核就能全额拿到，老板肯定心里不踏实，老板不能接受原本有的约束就这样取消了；如果取消考核的同时也取消了绩效奖金，那员工肯定又不能接受，因为绩效奖金是整个薪酬的组成部分，这点从谈 Offer 时就已被确认了，是不能随意改变的。所以绩效奖金与绩效考核在目前的情况下，还是要继续保留。

正是因为绩效奖金是员工工资的固定组成部分，所以不能随意取消，在引入 OKR 时，就不能用 OKR 替代 KPI，如果这样，就是将 OKR 的结果与奖金挂钩了，那 OKR 就会成为绩效考核的工具，与原来的 KPI 就没有区别。

6.2　KPA 可以让 OKR 与绩效考核并行

KPA（Key Performance Affair，关键绩效事件）理论来源于笔者所著的《中国式绩效——突破绩效困境》这本书。

生产、经营、管理活动会涉及很多不同的领域，形成许多的任务，每项任务是否完成，都会对经营活动的结果产生直接或间接的影响，有些影响可能是不会直接显现出来，而有些影响则是直接显现而且是致命的，这些事件（任务）的结果，会直接影响到企业经营目标的完成情况、客户的评价、计划的实施、上级的评价、本部门职责履行。

在 KPA 模型中（见图 6-3），将员工的工作按工作性质分为三类：

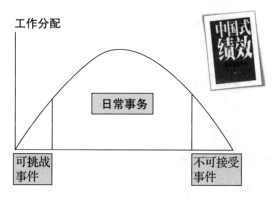

图 6-3　KPA 模型

1) 不可接受事件：不可接受事件是指在工作中，需要明确界定哪些事件是不可以发生的，这类事件一旦发生，会对整个公司的经营管理、业绩、商誉、声誉带来负面影响和评价，导致业绩的下降、市值的贬值，是扣分项，会造成无法挽回的损失。

2) 日常事务：日常事务是指在工作中，每天、每月都会重复出现的工作，这些工作是有基本的固定流程或时间限定的，是经常要做的工作，因此只要按既定的工作流程和程序进行，就可以确保日常的工作有序进行。

3) 可挑战事件：可挑战事件是指在工作中，公司鼓励做的事件，这些事件会给公司的整体业绩带来提升，给公司商誉、声誉带来积极评价，可以提高公司实力和品牌知名度，可以获得各类奖项，是加分项，可以为公司带来积极的、正面的影响。

6.2.1 KPA 为什么可以与 OKR 完美结合

KPA 模型中有三类不同的事件，具体哪些事件（任务）会列入这三类呢？

1) 不可接受事件。例如，没有完成业绩指标、技术原因导致网络瘫痪、财务资料泄密、重大活动接待工作出现失误导致客人不满意、法律文本出现失误导致诉讼失利、危机处理不当导致负面评价、贪污受贿、被执法机关处罚、员工争议处理不当引发仲裁等。

2) 日常事务。例如，工资发放、社保缴纳、计算机维护、工商年审、财务核算、出报表、报税、拜访客户、培训组织安排、招聘面试安排、各项周报及月报、各项流程执行等。

3) 可挑战事件。例如，超额完成业绩指标、成功招聘高端人才、A 轮和 B 轮融资成功、IPO 上市成功、研发新品成功、获得国家级奖项、并购重组成功、获得风投、取得各项发明专利、重大活动圆满成功获得好评、相关管理制度推行、网站升级成功、诉讼取得胜诉等。

KPA 模型中的三类不同的事件（任务），都具有非常鲜明的理论依据（见图 6-4）。

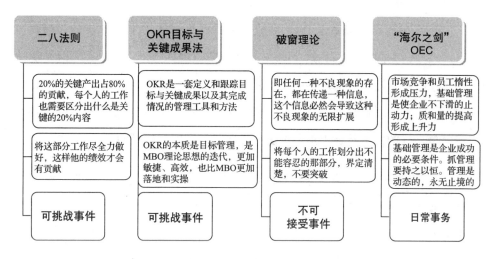

图 6-4　KPA 的理论思想

（1）**可挑战事件来源于二八法则**：一个人的时间和精力都是非常有限的，要想真正"做好每一件事情"几乎是不可能的，要学会合理地分配时间和精力，面面俱到还不如重点突破，把 80% 的资源用在能出关键效益的 20% 的方面，这 20% 的方面又能带动其余的 80% 的发展。在公司运营管理中，20% 的关键人才产出占公司 80% 的业绩的贡献，因此要辨识出 20% 的关键骨干，将政策、福利、资源、激励向这些人倾斜，确保减少关键骨干人员的流失，让这 20% 的人产生出 80% 的业绩。**每个人的工作也是需要区分出什么是关键的 20% 内容，找出这 20% 的关键内容，全力以赴做好，就可能会产生出 4 倍效益，所以找出 20% 的关键内容并做到了，就是可挑战事件。**

二八法则不仅在经济学、管理学领域应用广泛，它对我们的自身发展也有重要的现实意义：学会避免将时间和精力花费在琐事上，要学会抓主要矛盾。二八法则，代表一个人或组织，花费时间、精力、金钱和人事在最重要的优先顺序上。二八法则可以解决的问题有：时间管理问题、重点客户问题、财富分配问题、资源分配问题、核心产品问题、关键人才问题、核心利润问题、个人幸福问题，等等。

（2）**可挑战事件来源于 OKR 目标与关键成果法的思想**：OKR 的目标设定要有挑战性，有野心，而且这个目标不是短期实现的（一个季度），而是要持续几个季度甚至更长时期才能实现，这样就通过设定具有挑战性的目标，激励人们不断向着实现目标而努力工作。而 OKR 的可挑战性与 KPA 的可挑战事件的定义是一样的，甚至还更加有难度，所以二者之间是相通的。

（3）**不可接受事件来源于破窗理论**：该理论认为环境中的不良现象如果被放任存在，会诱使人们仿效，甚至变本加厉。以一幢有少许破窗的建筑为例，如果那些破窗不被修理好，可能将会有破坏者破坏更多的窗户。最终他们甚至会闯入建筑内，如果发现无人居住，也许就在那里定居或者纵火。一面墙如果出现一些涂鸦没有被清洗掉，很快地，墙上就会布满乱七八糟的东西；一条人行道有些许纸屑，不久后就会有更多垃圾，最终人们会理所当然地将垃圾顺手丢弃在这条人行道上。因此，不可接受事件就是要求将每个人的工作划分出不能容忍的那部分，界定清楚，不要突破，一旦发现触碰到这些事件（行为），就要制止，并扣绩效分，而且这个分数要扣得比较重，形成火炉效应，产生不要触碰，触碰必烫手的威慑力。

从"破窗效应"中，我们可以得到这样一个结论：任何一种不良现象的存在，都在传递一种信息，这种信息会导致不良现象的无限扩展，同时必须高度警惕那些看起来是偶然的、个别的、轻微的"过错"，如果对这种行为不闻不问、熟视无睹、反应迟钝或纠正不力，就会纵容更多的人"去打烂更多的窗户玻璃"，就极有可能演变出"千里之堤，溃于蚁穴"的恶果。勿以善小而不为，勿以恶小而为之。

（4）**日常事务来源于 OEC 理论**：OEC 是 Overall Every Control and Clear 的

英文缩写，其含义是全方位地对每人、每天所做的每件事进行控制和清理，做到"日清日毕，日事日结"。具体地讲，就是企业每天所有的事都有人管，控制到人，不漏项；所有的人均有管理、控制的内容，并依据工作标准，按规定的计划执行。每日对每个过程或每件事进行日控、事事控，把执行结果与计划指标对照、总结、纠偏，确保实现预定的目标。日清日高管理法的实质是：管理不漏项，事事有人管，人人都管事，管事凭效果，管人凭考核。

OEC管理模式的理论依据是"海尔定律"（斜坡球体论）：即企业如同爬坡的一个球，受到来自市场竞争和内部职工惰性而形成的压力，如果没有一个止动力它就会下滑，这个止动力就是基础管理和企业持续不断地改进，仅有止动力，也不一定发展，发展需要上升力，上升力来自于差距，而差距取决于目标在质和量方面的不断提高，也就是说上升力来自于创新。

市场竞争和员工惰性形成压力，基础管理是使企业不下滑的止动力；质和量的提高形成上升力，基础管理是企业成功的必要条件。抓管理要持之以恒。管理是动态的，永无止境的。

OEC管理中的止动力就是基础管理，也就是日常事务，而这些日常事务工作，通过纵向到底、横向到边的5W3H⊖的监督和检查，以确保所有事都有人管理，所有人都有考核，形成了扎实的工作作风。而日常事务本身就很琐碎，不通过扎实细致的工作，就很容易出错，而一旦出错，极有可能会出现事故，引起连锁反应，就会产成不可接受事件，从而给公司带来负面影响。**所以按流程做好日常事务，可以有效地防范不可接受事件的发生。**

⊖ 5W3H是描述问题的手段，其具体指的是：What, Where, When, Who, Why, How to do, How much, How feel。

6.2.2 用 OKR 设置可挑战事件

在 KPA 模型中，三类不同的事件都有相应的工具，如图 6-5 所示，相关工具介绍不在此——展开了，都是非常成熟的工具和理论，如果需要了解，读者可以自行搜索。

可挑战事件	日常事务	不可接受事件
□ OKR	□ 工作分析	□ 危机管理
□ SWOT分析模型	□ 公司治理	□ 案例学习
□ 五力模型	□ 人力规划	□ 风险管控
□ 目标管理	□ 流程再造	□ 负面清单
□ BPR流程再造	□ SOP编制	
□ 战略地图	□ JD（工作描述）	
□ 超越自我		

图 6-5　KPA 模型中的工具应用

下面举一个用 OKR 来设置可挑战事件的例子。以人力资源管理为主题，我们先看下目前人力资源管理按六大模块来划分，主要都有哪些通用/常规的工作。

1. 六大模块内容

（1）人力资源规划

人力资源规划模块工作内容如表 6-1 所示。

表 6-1　人力资源规划模块工作内容

工作模块	模块内容	工作内容
人力资源规划	组织机构设置	组织架构设计
		集团管控
		授权机制
	企业组织机构的调整与分析	规划
		执行

(续)

工作模块	模块内容	工作内容
人力资源规划	企业人员的供给需求分析	编制分析
		编制预算
		人力成本计算
	人力资源管理费用预算的编制与执行	办公、差旅、加班、交通和餐费
		招聘预算
		培训与绩效预算
	企业人力资源制度的制定	薪酬制度
		培训制度
		绩效制度
		社招和校招制度
		职业生涯和企业文化制度

（2）招聘与配置

招聘与配置模块工作内容如表 6-2 所示。

表 6-2 招聘与配置模块工作内容

工作模块	模块内容	工作内容
招聘与配置	招聘需求分析	定岗定编
		编制外审核
	工作分析和胜任能力分析	各岗位任职资格审核确定
		相关工作产出结果确定
		职位描述及发布
	招聘渠道建立与维护	人才库数据维护、建设和分析
		人才库数据提供
	招聘实施	简历筛选
		组织面试
		Offer 谈判
		背景调查、录用
	降低员工流失的措施	雇主品牌建设
		职业生涯规划
		晋升、调岗、调薪

(3) 培训和发展

培训和发展模块工作内容如表6-3所示。

表6-3 培训和发展模块工作内容

工作模块	模块内容	工作内容
培训和发展	培训课程体系的建立	建立公司课程体系（含管理层、员工和实习生的培训计划）
	培训计划的制定	年度培训大纲（含管理层、员工和实习生的培训计划）
	培训需求的调查与评估	含管理层、员工和实习生的培训需求，建立科学的评估体系
	培训实施	讲师确认、课程互动
		培训室准备、学员签到、训后调查及月末培训情况统计汇总
	培训课程和教学方法的设计	课件内容设计及课程操作方式设计
	开发管理与企业领导	领导力开发
	职级评审	组织出题、评卷
		分数统计
		组织实施考试
		组织进行答辩
		汇总公布结果

(4) 绩效管理

绩效管理模块工作内容如表6-4所示。

表6-4 绩效管理模块工作内容

工作模块	模块内容	工作内容
绩效管理	绩效管理体系建立	绩效工具选择、周期设计、指标设定、面谈沟通、奖惩和激励的设计
	实施阶段	月度绩效考核汇总
		季度文化认同考核
	总结阶段	季度绩效考核及文化认同考核汇总分析
	绩效管理的面谈	负责部门内员工面谈
	绩效改进阶段	负责帮助部门内员工提升绩效表现

(5) 薪酬福利管理

薪酬福利管理模块工作内容如表 6-5 所示。

表 6-5 薪酬福利管理模块工作内容

工作模块	模块内容	工作内容
薪酬福利管理	薪酬制度的制定	设定薪酬结构、划分薪酬等级、制定薪酬计划
		"五险一金"及各类节假日福利方案设计
	薪酬制度的调整、人工成本核算	薪酬制度的调整、人工成本核算
	岗位评价	年度 JD 检验
	薪酬调查	获取年度薪酬调查报告
	薪酬发放、个税申报及财务核对	员工个人薪酬核算
		薪酬发放、个税申报及财务核对
	社保、公积金的发放	社保、公积金的核算
		社保、公积金的核算汇总和代扣代缴
	评估绩效和提供反馈	根据绩效结果核算绩效工资

(6) 员工关系

员工关系模块工作内容如表 6-6 所示。

表 6-6 员工关系模块工作内容

工作模块	模块内容	工作内容
员工关系	劳动关系	合同签约、续约和不续约；劳动关系中止
	员工入职	协助员工完成入职流程
	员工转正	协助员工完成转正流程
	员工异动	完成员工异动信息变更的通知和相应薪酬、福利的变化
	员工离职	协助员工完成离职流程
	员工档案和合同管理	员工档案和合同的收集、保管及管理
	员工关系报表	完成员工异动信息变更的通知和相应薪酬、福利的变化
	员工活动	定期组织员工活动
	综合工时申报	每年进行综合工时申报

2. 用 OKR 设置六大模块的可挑战事件

用 OKR 来设置可挑战事件，我们从战术的层面来解读，因为 OKR 从战略的角度来说，首先要有目标，每个公司的目标是独一无二的，但人力资源管理的六大模块，未必都涉及公司目标，从 HR 的角度，如何将六大模块从通用的工作提升到一个可挑战的难度，这就要从战术的角度来解读。

(1) 人力资源规划

人力资源规划相关的 OKR 设置如表 6-7 所示。

表 6-7 人力资源规划模块的 OKR

O	KR
有效开展企业组织机构的调整与分析	组织规划设计通过总裁办评审
	业务规划设计通过总裁办评审
	组织模型规划设计通过总裁办评审
有效进行人员的供给需求分析	编制数据建模完成
	有效工时产出计算完成
	建立 SFE（Sales Force Effectiveness）优化销售效能模型分析
制定企业人力资源各相关制度	薪酬制度编制完成并颁布实施
	绩效管理制度编制完成并颁布实施
	企业文化制度编制完成并颁布实施
	职业生涯设计编制完成并颁布实施

人力资源规划的核心问题，是人员编制与组织机构设计，还要建章立制，而人员的编制规划与公司战略发展和业务发展息息相关。公司如果采取跑马圈地的扩张发展模式，抢占市场份额，那就要配备与之相应的人力，并涉及扩张的城市，建立地推或店铺人员，组织机构就要配以区域管理、事业部制、大区负责制。而如果是巩固核心市场，精耕细作，则组织机构就要以集团管控，内部加强管控，建立集中采购和审计，以及督导运营，确保提升客户体验，提高返单率。而如果是采用线下体验、线上营销，则又是另一种组织机构与人员配置。

因此 HR 在做规划时，不是按以往的经验值，来估算明年的用人数量和人工成本，这样的思维不能适应企业面对市场竞争而采取的应对策略。而如何采取不同的组织机构模式，本身就需要 HR 深刻体会业务的变化，拥有敏锐的洞察力，突破现有组织机构的框框，并给出高层建议，因为高层和各业务单元高管，并不能深刻了解组织机构的设置，而高层与各业务单元的高管，往往又是处于博弈的状态，所以需要有专业的建议，以便突破这个局面，那么 HR 能给出建议吗？对未来的企业，如何去中心化、去审批化、自组织、自管理、自发展？大平台还是合伙制？外包还是自营？如何由雇佣制转为协作化？该如何建立平台化组织、指数型组织、人单合一组织、阿米巴组织、铁三角组织？

（2）招聘与配置

招聘与配置模块相关的 OKR 设置如表 6-8 所示。

表 6-8 招聘与配置模块相关的 OKR

O	KR
高效进行招聘需求分析	人事费用率管控模型建立完成
	收入成本率动态管控模型建立完成
建立工作分析和胜任能力分析模型	胜任能力分析模型建立完成
	各层级相应职、权、利界定明确
	管理职级晋升规定颁布、实施
	测评技术应用
建立高质量的内部人才库	人才库 1.0 版本搭建完成
	红、黄、蓝人才信息完成初始化
	人才库数据维护、建设，出报告
	人才库数据分析报告
积极拓展各种新招聘渠道	猎头渠道拓展 10 家
	所有线上垂直招聘渠道全拓展
	线下举办业内招聘活动 5 场
	参加展会、论坛 5 场
	打 Cold Call（陌生电话）200 个
积极开展高质量的招聘活动	招聘管理流程，设定优先级
	编制招聘分析报告及报表
	编制同行业竞争对手人才报告

招聘难，是目前大多数企业 HR 的一个痛点，难在找不到适合的人才，没有有效的面试简历，也就是说源头有问题，另外还有薪酬的问题，真的优秀人才都薪酬很高，而企业目前的薪酬水平缺乏有效的竞争力，Offer 谈不下来。

从另一个角度来看，企业的 HR 也存在问题。目前 HR 在招聘的心态和渠道上是有问题的。心态的问题是，目前是卖方市场，无论是高技术人才还是劳动力，都很短缺，在这样的环境下，如果企业 HR 的心态还是坐等，那肯定不行；渠道的问题，只在一些 51JOB、智联招聘、BOSS 直聘、猎聘等网站上发布职位信息，然后就坐等，这样的招聘手段是很难招聘到优秀的人才的。因为优秀的人才都不在这些网站上更新简历了。所以要建立自己的人才库，向猎头学习，通过打大量的 Cold Call（陌生电话），获取候选人简历，并进行行业匹配分析，勾勒出目标公司的组织架构和人员配置图，多进入候选人所在的专业微信群，单独发私信聊天，还要充分利用知乎、简书、领英等媒体，搜索加好友，还要多参加公司所在行业的各种峰会和论坛，充分拓展人脉。

因此要做好招聘，一定要有营销的思维和心态。你要把公司卖出去，招聘人员其实是公司第一个出场的营销人员，要考虑你的候选人会在哪里，用什么方式进行沟通，你要想办法进入到那里，不要一本正经地发布职位、介绍公司，因为没有新意，也打动不了候选人，要有更多的互动，候选人想什么、需求是什么，你能有什么方式可以打动他们。

另外招聘是一个综合工作的体现，在拓展招聘渠道以外，还要做好对同行的了解，通过招聘面试，可以了解到同行的人力资源配置、薪酬水平、目前的主要项目等，可以做出**同行业分析报告**。另外通过候选人对本公司的了解和关注点，**提出雇主品牌建设的建议**。还要对用人部门的人事费用率和收入成本率进行分析，提供**人员编制分析报告**，通过对人均产出进行分析，编制人员效率评估报告，评估新人入职是否达到了预期效果。

(3) 培训和发展

培训和发展模块相关的 OKR 设置如表 6-9 所示。

表 6-9 培训和发展模块的 OKR

O	KR
建立完整的培训规划体系	高效做好每场培训需求分析报告
	设计完成年度培训大纲
	培训课程开发完成 5 门
	TTT 培训培训师队伍建立
建立培训效果评估体系	培训效果评估学员反应,每次课程结束完成学员评估
	培训效果评估学习效果,培训后三个月进行跟踪评估,出报告
	培训效果评估行为改变,培训后六个月,进行对比观察,出报告
	培训效果评估产生的效果,培训后一年,进行对比评估,出报告
建立职级评审体系	职业发展规划设计并实施
	明确逐级任职资格及技能标准
	组织出题、考试、评卷、答辩全过程
	与任职资格和薪酬挂钩
搭建内部培训平台化建设	案例库建立,完成百例
	百问百答知识点收集,完成百例
	培训课程视频录制、上传,完成在线学习平台

培训不能只是请几个老师来做内训,那不能解决问题。首先要对需求进行分析,针对公司的全年目标,做哪些培训?谁来参加培训?解决什么问题?这些问题的答案,不是一份培训问卷就可以得到的,要与公司高层、各层级的人,进行访谈,再汇总分析后,才能形成 HR 专业的意见。我们发现,现在企业的很多培训需求,往往是高层一句话,说我们今年要抓执行力、要提高中层主管的管理能力、要学习阿米巴,等等,然后 HR 就开始找培训机构、找老师。这种做法缺乏体系,培训是起到了答疑解惑的作用,但难以有效转化为行动。

因此要有规划才能行动,规划就要形成体系,内训与外训结合,自己的问题只能自己解决,要培养自己的培训师队伍,并能够使自己的培训师开发课程。

培训最后是要有效果的,因此如何有效跟踪培训效果,是一个将学习转化为行动的衡量指标。培训学习是要有激励作用的,否则大多数人是不愿意学习的,因此要设计任职资格体系,每一个晋升的台阶都要设定相应的知识体系,这样才能引领员工有动力也有方向学习,变"要我学"为"我要学",将学习转化为行动,这样的学习才会有效果。

(4) 绩效管理

绩效管理模块的 OKR 设置如表 6-10 所示。

表 6-10 绩效管理模块 OKR

O	KR
绩效工具选择与应用	KPI 关键绩效指标工具应用
	KPA 关键绩效事件工具应用
	BSC 平衡计分卡工具应用
基于战略的绩效目标设定	战略目标设定完成
	年度经营目标设定并落实分解
	将上级要求纳入任务考核,及时变更
高效完成绩效目标分解	年度总目标的设定
	分解到部门目标
	再分解到个人目标
	设计完成部门、个人指标体系
积极推进绩效管理过程	绩效跟踪,出月度报告
	绩效结果评估,出周期评估报告
	绩效沟通,落实到每个人
	绩效奖惩,及时应用到工资和奖金
建立绩效模型的有效应用	明日之星是谁
	金牛员工是谁
	落单孤雁是谁
	危险员工是谁
	迷途羔羊是谁

绩效考核是 HR 的又一个难点，因为 KPI 作为考核工具，只能考核可量化的指标，对不能量化的指标难以有效考核，而公司的各项工作无法做到全部可量化，即使是费尽心思找出了可量化的指标，但这些可量化指标，并不是被考核部门一个部门就可控的，因此就是考核了也不能有效改变结果。而 KPI 又是目前的主流考核工具，这就造成了如果不考核，老板不高兴；如果考核，被考核人不满意的局面。

绩效管理的核心，将全公司所有人的工作，调整为以实现目标为方向，确保完成目标。因此在绩效考核工具的选择上，要几种工具相结合使用。KPI 适用于业务部门，如销售收入、利润、回款、销售费用、客户数等可以量化的指标。KPA 适用于非业务部门。考核不是最终目的，还要进行绩效反馈与沟通，让被考核者知道，哪里做得好，哪里做得不好，如何改进绩效差的工作，在下一个考核周期里，可以有效提升。并将考核结果，与奖惩相挂钩，奖优罚差，激励员工。绩效考核的最重要的目的是通过考核，能够分清不同的人，谁是明日之星，谁是金牛员工，谁是落单孤雁，谁是危险员工，谁是迷途羔羊，从而解决人的问题。

（5）薪酬与激励

薪酬与激励模块的 OKR 设置如表 6-11 所示。

表 6-11 薪酬与激励模块 OKR

O	KR
制定有针对性的薪酬激励策略	外部薪酬调查，出报告
	研发人员激励政策，出方案并实施
	销售人员激励政策，出方案并实施
	高管人员激励政策，出方案并实施

(续)

O	KR
建立岗位价值评估体系	职位贡献价值，设定岗位评估价值维度
	职位评估，完成相应岗位的评估报告
	职等职级，建立公司的职级体系
	制定宽幅薪酬策略
制定调薪策略体系	九宫格测算：学历、工龄、司龄、职级、职称、绩效考核、企业文化认同考核间的权重设置
	岗位评估价值

薪酬已不只是核算、发放工资那么简单的事，公司目前的薪酬在同行业竞争对手中，处于什么样的分位值，决定了公司的薪酬是否有竞争力，但同时又不是需要所有的岗位都具有较强的竞争力，这样的薪酬成本就太高了，所以要先制定公司的薪酬策略是什么，什么样的岗位薪酬要在 70 分位，什么样的岗位在 55 分位。内部同样是经理级的，彼此间要有不同，有级差，岗位评估解决不同岗位的价值。宽幅薪酬解决的是，不同职级可对应的薪酬，以及每一岗级，可以拆分出的薪酬等级，这样即使没有职位的晋升，也可以有相应的薪酬等级，可以获得加薪。

每到年底如何加薪，都是令 HR 头痛的事，首先是加多少，其次是什么样的人可以加，往往只能根据以往的数据进行加减，但是没有说服力。九宫格可以解决加薪依靠拍脑袋的问题，通过九宫格，对调薪要素设定不同的权重，然后把每个人的要素代入，就能得出各自的加薪比例，再与可分配的总盘进行几轮测算，就能得出最终结果。

薪酬是一方面，激励更重要，针对不同职能的研发人员、销售人员、高管人员设定激励政策，这才能真正激活员工的干劲。也就是说，针对不同的职能，需要定制特别的激励政策，要真正与他们的贡献相结合，而这些职能的岗位特性又不一样，研发人员的产品面世是要滞后的，以滞后的产品销售来分配奖金，这些研发人员就早走了。销售人员也是要区分的，大客户销售人员是以关系维护为主，奖金如何分？终端销售人员是以面对面签单为主，奖金是单个提还是团队提？线上销售人员是以营销为主，奖金如何分？

（6）员工关系

员工关系模块，相对政策性比较强，也较为基础，就不设置 OKR 了。

6.2.3 用负面清单设置不可接受事件

在企业管理中，负面清单特指不可以触碰的事，也就是说，企业会明确列出，在生产经营活动中，有哪些事是不可以发生的，一旦发生会进行绩效扣分。这与企业的员工手册中所列的那些惩罚条例作用相似，都是明确禁止的，只是员工手册侧重的是员工行为规范，不得吵架、打架、受贿这类事情，视情节严重，给予警告，直到开除。而在日常工作中，要考核员工的绩效表现，因此这个不可接受事件，是根据不同的岗位而单独定制的，也就是说，在不同的岗位，都会设定哪些事情是不可以做的，一旦发生了，就要直接扣 10 分以上的绩效分，会影响到绩效奖金的数额。

不同岗位所设的不可接受事件的分值，视各公司的具体情况来设定，但扣分要从 10 分起扣，因为一般绩效等级分为 A、B、C、D 四等，各档之间的差额为 10 分。另外不可接受事件，可以一直列着，每年会重新评估一次，如果在这一年里，所列的不可接受事件没有发生过，可以在第二年适当减少，至于增加不可接受事件，则可以在每个季度考核期开始前，就新增到本季度的考核表中，这样便于经理随时调整考核要求。

以 HR 为例，对于招聘主管而言，什么是这个岗位不能出的错呢？什么是这个岗位不应该发生的错呢？肯定是岗位招不到人，但现在招人困难，已不是一个招聘主管个人能解决的事，还会涉及企业本身存在的问题，如薪酬水平低、工作环境差等,因此要将工作再聚焦一下,如简历推送连续几周没有进展,那就是招聘人员岗位的责任了,人招不到但不能简历也找不到,那就是明显失职了,还有就是关键人员岗位的背景调查失实,主要是学历造假、以往工作职位虚高、工作时间段有出入、前雇主评价不好等,这都是属于严重失职的工作。其他还有对政策的理解、把控不到位,沟通失误,等等(见表6-12)。

表6-12 招聘主管不可接受事件

不可接受事件	分值
每个招聘职位连续7天没有进展	-10
关键岗位新人的背景调查失实	-30
未按规定流程、制度执行,产生负面影响,造成员工合理投诉,视情节扣分	-50
因理解不到位,曲解意图,传递信息有误,造成对外沟通误导的严重不良后果	-20

对于薪酬主管而言,这个岗位的失职主要是与薪酬相关的计算错误,报税出错,对相应病假、事假、产假的政策理解不到位,扣款出现错误等(见表6-13)。

表6-13 薪酬主管不可接受事件

不可接受事件	分值
薪资计算错误	-10
个税未及时申报	-10
未按规定流程、制度执行,产生负面影响,造成员工合理投诉,视情节扣分	-50
因理解不到位,曲解意图,传递信息有误,造成对外沟通误导的严重不良后果	-20

对于绩效主管而言,这个岗位的失职主要体现在,绩效分数统计汇总时出现错误、延期,还有对绩效政策的解读不到位,引发员工投诉等负面影响(见表6-14)。

表6-14 绩效主管不可接受事件

不可接受事件	分值
员工对绩效政策有投诉	-10
绩效考核分数统计未能按时完成	-10
未按规定流程、制度执行,产生负面影响,造成员工合理投诉,视情节扣分	-50
因理解不到位,曲解意图,传递信息有误,造成对外沟通误导的严重不良后果	-20

对于培训主管岗位而言,不可接受事件包括培训主管自己讲的课,员工满意度低于80%,说明这个课程在公司内部不受欢迎,还有在政策解读时误导,引起员工投诉(见表6-14)。

表6-14 培训主管不可接受事件

不可接受事件	分值
培训评估低于80%	-15
因工作失误未按规定流程、制度执行,产生负面影响,造成员工投诉	-10
因理解不到位,造成对外沟通误导,曲解意图,传递信息有误	-10

作为HRBP(人力资源业务合作伙伴)岗位,不可接受事件主要是指被员工投诉工作态度恶劣,对总部要求贯彻执行的工作未做到位,因工作失误,或未按规定流程操作,产生负面影响,引发员工投诉(见表6-15)。

表6-15 HRBP不可接受事件

不可接受事件	分值
因工作态度恶劣被投诉	-10
对总部要求执行的工作未做到位	-10
各类费用的报销错误	-10
因工作失误未按规定流程、制度执行,产生负面影响,造成员工投诉	-50
因理解不到位,造成对外沟通误导,曲解意图,传递信息有误	-20

人力资源人员作为公司重要的职能部门岗位人员，负责解答公司制定的一系列政策，很多时候因为言语不当或理解不准确，或表达不完整，或没有理解对方的意思，或本身情商不高，或工作态度比较生硬，造成员工不满，而引起负面影响。集中体现在敏感时期，或敏感阶段，如年终奖发放、转正考核被淘汰、辞退、病产假工资扣发等事件的处理上。

6.2.4　用 KPI 设置日常事务事件

"如果你不能描述，那么你就不能衡量。如果你不能衡量，那么你就不能管理。如果你不能管理，那么你就不能得到。"罗伯特·卡普兰这样说，所以管理的核心要义是首先能够描述清楚，并能够明确产出的结果，我们往往认为，只有量化才能够可衡量，其实不然，能够明确产出结果的都是可衡量的。比如：

1）开一次会议的产出结果——会议纪要，表明会议开过了，并有了明确的会议结果和会议的产出，这就是可衡量的；

2）项目进展的产出结果——关键项目节点，在关键项目节点时的工期、质量，就是可衡量标准；

3）公司管理变革并开始推行 OKR，产出结果——OKR 试点推行，试点人员全部设定到个人的 OKR。

因此在日常事务的设定中，可以是 KPI 指标的量化，也可以是一个事件和描述及明确的产出结果。

下面还是为人力资源管理的各相关模块设定日常事务。

1. 招聘主管

招聘主管的日常工作，就是与招聘实施相关的，完成招聘任务、渠道建设、面试安排、背景调查、招聘数据报表的编制等，都是一直会重复做的事。日常事务占 70 分（见表 6-16）。

表 6-16 招聘主管的日常事务

日常事务 70%	产出结果	实施步骤	分值
招聘	在规定时间内完成上海销售总监、物流经理、Java、.net、HRBP等招聘任务，受内外部因素的影响，有 20% 的浮动	了解岗位需求 筛选简历 ××以外地区的电话面试 ××地区的结构化面试 薪酬谈判	30
候选人背景调查及综合测评	确保录用人员背景的真实性和有效性	用打 Cold Call（陌生电话）等方式背景调查候选人的过往信息 用身份证验证录用人员的背景 使用测评软件进行数据化测评	10
招聘渠道维护	开发多种招聘渠道，以更有效找到合适候选人	维护猎头论坛 维护招聘论坛 针对某些职位用 Cold Call 的方式找出候选人	20
汇总三地招聘需求	有效控制三地招聘实施	跟进招聘进展 汇总招聘周报	10

2. 薪酬主管

薪酬主管的日常工作与薪酬核算相关，主要是薪酬计算、个税申报、薪酬发放、人力成本分析等相关工作，也是每月一直要重复的工作，占 70 分（见表 6-17）。

表 6-17 薪酬主管的日常事务

日常事务 70%	产出结果	实施步骤	分值
薪资计算	薪资计算完成，并完成转账	1. 薪酬系统更新 2. 检查员工考勤 3. 检查员工加班 4. 数据导入系统	40

(续)

日常事务70%	产出结果	实施步骤	分值
薪资计算	薪资计算完成,并完成转账	5. 绩效考核结果与绩效工资之间换算 6. 最后检查 7. 导出系统 8. 手动制作薪资表格 9. 付款通知书制作 10. 审批 11. 发至各财务人员 12. 银行代发模板制作 13. 发至各银行 14. ××地区员工转账	40
财务数据表	各财务人员月初对账	1. 手动制作财务数据表 2. 信息筛选 3. 微调数据 4. 各地区分别发至各财务人员	10
个人所得税申报	员工个人所得税申报完毕	1. 制作个税模板 2. 进行各地区的个税申报 3. 个税金额核对 4. 进行扣款操作	10
外包公司事务	与外包公司联系员工事务	1. 外包公司员工社保基数提供 2. 外包公司员工社保核对并制作付款通知书 3. 与外包公司沟通外包员工社保、公积金、工资问题	5
人力成本分析	完成上年度标准人力成本分析模板	完成本年度第一季度加班数据采集 根据地区完成人事费用率、收入成本率、人均工时的分析	5

3. 培训主管

培训主管的日常工作，主要与培训实施有关，培训组织、培训评估、培训大纲的实施，也是一直在重复的工作，占 70 分（见表 6-18）。

表 6-18 培训主管的日常事务

日常事务70%	产出结果	实施步骤	分值
培训	跟踪各部门培训计划与反馈	1. 按照月度培训计划监督辅导 HRBP，安排销售课程培训	40
		2. 分析各区域培训记录及反馈，对培训资源进行合理调配	
协助其他人力资源模块的开展	协助其他模块	第一季度明星员工评选	20
	员工关系	处理员工冲突及平复员工情绪，组织情绪管理培训，并签字确认	
月报及周例会组织执行	按时提交月报和参加周例会	每个月15日提交培训月报	10

4. 绩效主管

绩效主管的日常工作主要是与绩效考核有关，绩效考核推进、分数统计汇总、对异常情况的报告分析也是日常重复的工作（见表 6-19）。

表 6-19 绩效主管的日常事务

日常事务70%	产出结果	实施步骤	分值
绩效推进	根据各部门绩效目标，进行统计跟踪，对异常情况进行调查总结并分享	1. 收集各部门报表及会议计划并审核	30
		2. 对各部门绩效异常进行跟踪总结	
		3. 召开绩效管理会议，对各部门绩效做总结，指出存在的问题、解决方案及下个月目标，并协助总经理辅导主管级别以上员工，进行绩效面谈培训	

(续)

日常事务70%	产出结果	实施步骤	分值
绩效-××关务单证组	分析报告完成	分析报告初稿 分析报告薪酬补充 完成	15
绩效-高管绩效方案	高管绩效考核参考方案	资料收集 方案整理及发送	15
绩效统计	月绩效统计完成	1. 月绩效统计完成 2. 对没有按时提交考核表的相关人员进行绩效处罚	10

5. HRBP

HRBP 的日常工作，主要是与员工在公司的劳动用工、法律法规相关，与录用、试用期考核、转正、病事假、出勤、工资核算、社保、转岗、离职、退工等密切相关，也是一直都在做的重复性工作，占 70 分（见表 6-20）。

表 6-20　HRBP 的日常事务

日常事务70%	产出结果	实施步骤	分值
人事异动	人事异动跟进	人事异动面谈	10
工资表	在规定的时间内完成	每月31日前完成工资表	10
招聘	以合理薪资招到适岗人才	（1）网上筛选合格简历；（2）与用人部门一起面试，确定复试名单；（3）与相关领导沟通进一步的复试、终试事宜；（4）薪酬确定；（5）录用审批流程	30
人员编制	人员编制准确	不定期更新人员编制	5
政策补贴	在规定的时间内完成	不定期申请各项政策性补贴	5
生育津贴	在规定的时间内完成	不定期申请各项生育津贴	5
年假维护	更新年假信息	每月、年对年假进行维护	5

6.2.5 两种不同的 OKR 类型

在 OKR 主要有两种表现形式，承诺型（日常运营类、行动性目标）OKR 与挑战型（愿景型）OKR。[一] 承诺型 OKR 是公司必须完成的目标，如产品发布计划、招聘、市场份额等，是公司日常运营的工作。通常由管理层设置公司级别的目标，由员工设置部门级别的目标。承诺型 OKR 指标预期得分是 1.0。若得分低于 1.0，则需要解释未完成部分的原因，因为它表明团队在制订计划或执行计划时存在着某种失误。

挑战型 OKR 的目标，相对而言，是公司以后如何改变世界的更大构想，旨在帮助员工找出其如何为公司的挑战性目标做出贡献，可来源于公司各个层面。因为这些目标的挑战性很大，所以周期也会较长，一般而言以年度为周期，而且因为挑战性大，还可能会有 30%~40% 的失败概率。另外，有一些日常运营类目标也有挑战性，各企业根据自身实际情况进行设置，如图 6-6 所示。

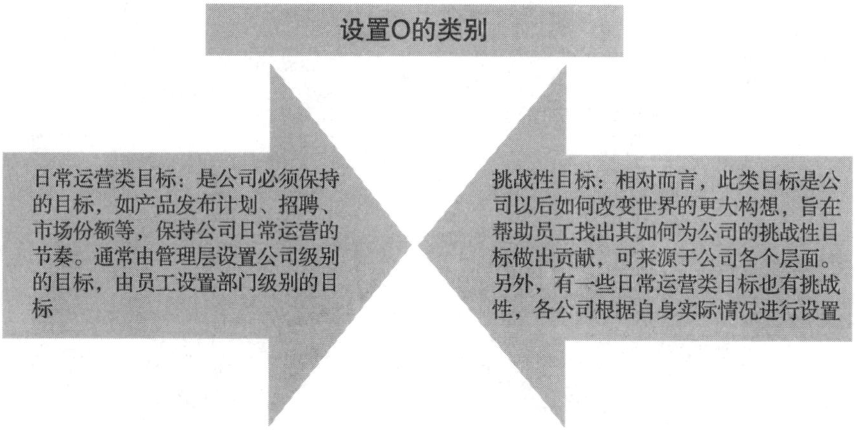

设置 O 的类别

日常运营类目标：是公司必须保持的目标，如产品发布计划、招聘、市场份额等，保持公司日常运营的节奏。通常由管理层设置公司级别的目标，由员工设置部门级别的目标

挑战性目标：相对而言，此类目标是公司以后如何改变世界的更大构想，旨在帮助员工找出其如何为公司的挑战性目标做出贡献，可来源于公司各个层面。另外，有一些日常运营类目标也有挑战性，各公司根据自身实际情况进行设置

图 6-6 两种不同的 OKR 类型

[一] 约翰·杜尔（John Doerr）. 这就是 OKR [M]. 曹仰锋，王永贵，译. 北京：中信出版社，2019.

实际上承诺型 OKR 与 KPI 指标有很高的相似度，如：日常运营工作、必须完成、部门级指标等。也就是说，Microsoft、Google、Intel、Facebook 等公司所宣传的"去 KPI"，其实并没有去，而是将 KPI 的指标融入了承诺型 OKR 中而已。由此可以得出，在 OKR 的语境里，KPI 与 OKR 是并存的。

笔者觉得 KPA 模型的描述对 OKR 与 KPI 的并存应用，更加清晰，彼此间的切割也更加合理。

第 7 章
案例：北控水务集团

7.1 背景介绍

1. 北控水务集团贵州业务区简介[一]

北控水务集团是北京控股集团有限公司旗下专注于水资源循环利用和水生态环境保护事业的旗舰企业。北控集团作为首都基础设施和公用事业重要的投融资平台，旗下拥有北京控股、北控水务、北京发展、北京建设、中国燃气等 8 家 H 股上市公司和燕京啤酒、惠泉啤酒 2 家 A 股上市公司，营业收入、资产总额、利润均排在北京市国有企业前三名，是中国最大 500 家企业集团之一，是公用事业类企业。2016 年北控水务新加坡樟宜项目荣获年度水务交易大奖；同年入选《财富》中国 500 强；北控水务集团贵州业务区隶属于北控水务集团西部区域事业部，是北控水务集团在贵州省设置的以省区为单位的从事专业化水务、环境项目投资，建设，运营的区域管理平台。贵州业务区本部位于贵阳市。目前水务项目主要分布在贵阳、遵义及黔东南、黔南等地，已设立（含拟新设）公司 20 个、水厂 37 座，累计总投资规模达 33 亿元，合同水量总规模达 180 万吨/日，现有员工 1 500 余人。

2. OKR 体系推进背景

问题如下：

[一] 本案例所描述的对象仅为北控水务集团下属的贵州业务区，不涉及其他区域和业务板块，也不涉及贵州业务区的财务状况和业务开展，仅做管理创新的介绍，本案例涉及的数据不代表企业实际情况。

（1）业务区及项目公司工作目标不统一，未能有效承接集团战略；

（2）各部门/项目公司重业务、轻管理，以救急性工作为主；

（3）部门目标和个人工作目标重复的问题总是出现；

（4）员工执行力弱，个人工作随意性倾向严重。

综合以上背景，帮助业务区及项目公司识别战略的优先工作事项，承接集团及西部大区战略，变被动管理到主动经营，工作目标上下对齐、左右同步、聚焦、穿透，培育团队的目标导向、结果意识、加强跨部门协作，适应快速的市场环境变化，以及在识别高绩效员工方面能够起到关键作用。

3. 组织架构（见图7-1）

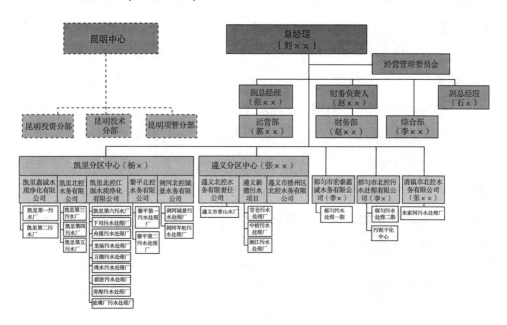

图7-1 贵州业务区组织架构规划图

7.2 OKR 咨询

首先是企业目标设定，找出顶层设定的企业最高目标 O。O 从哪里来呢？**就要通过企业的战略目标的梳理，通过对愿景的描述来思考未来企业要成为什么样子，向谁学习，成为谁，超越谁，找到标杆，看十年，想三年，聚焦一年，提炼出当下的目标 O。**

其次是 OKR 理念的导入，从顶层向下逐级宣导 OKR 的理念：MBO vs. OKR、KPI vs. OKR、目标如何击穿六层、如何设定 O 的有野心和可挑战性、如何设定 KR 不走寻常路、OKR 如何激活到个体、OKR 的奖励如何突破、OKR 的分数如何评定、OKR 的试错机制，等等。

再次是 OKR 的制定，O 的设定，以及 KR 的制定，并通过上级的 KR 是下级的 O 这一指导原则，层层分解 O，运用 3 + 2 模式，鼓励个人提出两个有挑战性的目标，对整个目标制定的过程，由项目组进行"拍砖"。"拍砖"在 OKR 的语境中，是对制定的 O 和 KR 进行点评，指出 O 不具备足够的挑战性，指出 KR 不具有创新性，并给予指导，应该如何设定具有挑战性的 O 和不走寻常路的 KR。OKR 的制定逐级进行，并最终到实施 OKR 的个体，有多少人参考，就会有多少份个体的 OKR，经过几轮的"拍砖"，才能最终定型。

复次是 OKR 的实施，在实施的过程中，要进行周跟踪、月总结、季度评估，因此在 OKR 的实施中，沟通的频率很高，每周要进行 OKR 的执行跟踪，跟踪的重点就是 KR 的执行情况，KR 一定要有进展，如果某个 KR 连续两三周没有进展，就要进行 KR 的替换，这个替换只需要与员工的上级沟通，并达成共识就可以。在替换 KR 的过程中，要考察的重点是，新的 KR 难度系数要与被替换 KR 的保持一致，不能高或者低。

最后是定期召开季度员工大会，由经理讲解本团队每个人的上季度 OKR 的得分,并点评每个人的表现,更要突出每个人的分数背后,意味着什么,与集团纵向比较,与同行业横向比较,然后由参与 OKR 的每个人,投票评选出上个季度的 MVP,投票标准就是看谁的 OKR 最具有挑战性、最具有野心(见图 7-2)。

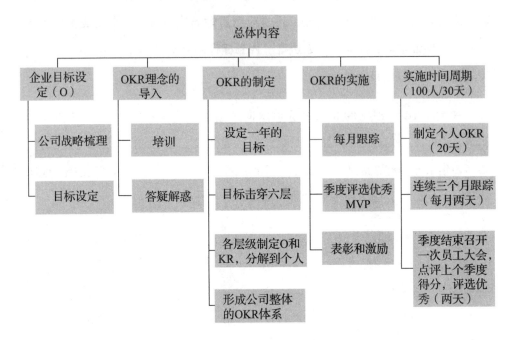

图 7-2　OKR 实施的思路

7.3　目标设定

北控水务集团年初下达给贵州业务区两大类指标,一类是经营业绩目标,另一类是管理效率目标。

1. 经营业绩目标

经营业绩目标细化了各项指标(见图 7-3),涉及以下方面:

1)利润指标(年度利润 1 亿元,中期利润 4 500 万元);

2）现金流指标（应收账款、资金回收、集团其他）；

3）专项处罚（生产安全、品牌安全、雇主品牌、审计专项）；

4）增量业务（城镇水务项目≥25万吨/日）。

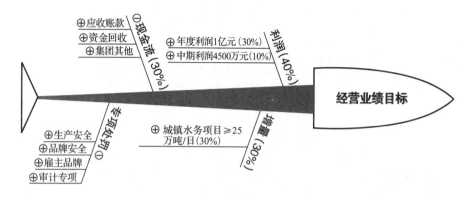

图7-3　经营业绩目标分解

2. 管理效率目标

管理效率目标涉及四类指标，并都有细化指标（见图7-4）：

1）存量管理（完成建设项目完工计划，完成2018年之前开工建设项目待办事项，污水厂和净水厂出水达标率100%，技改计划完成率100%，设备完好率不低于96%，并满足节能、高效、安全运行的要求，按计划完成设备大修重置改造重点跟踪项目，完成运营巡检与问题整改）；

2）经营管理（完成2018年转商运计划，完成2018年计划调价、调保底任务，亏损和低收益项目的投资收益率提高，按经营专项工作督办、预警、检查及其他要求完成）；

3）计划运营（完成重点工作计划，完成计划经营委员会督办任务（以任务单为准），按要求达到计划运营项目计划编制覆盖率，按要求达到计划运营项目信息报送及时、准确率，按要求达到计划运营项目一级节点完成率）；

4）管理提升及其他（完成人才配置与发展储备计划，完成安全检查评估与问题整改，各专业条线及时准确提报数据、信息、报告，其他事项）。

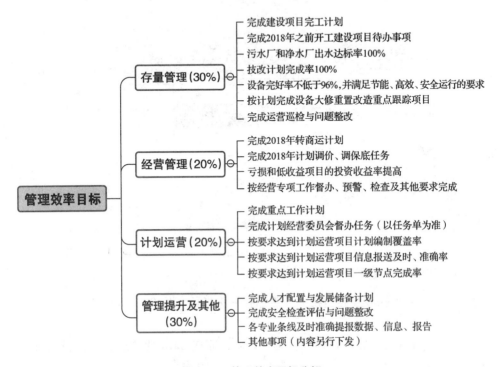

图7-4 管理效率目标分解

经营业绩目标作为刚性的任务，是必须完成的，纳入到KPI的指标，而管理效率目标，则是软性的，很多工作不能以量化指标来衡量，往往是通过行政指令的方式，通过总办会议的形式下达，然后再以专项检查的方式，进行运动式的推行，但收效并不能持久，这也是以往工作中存在的弊端。

如何将管理效率目标，形成公司整体目标，并层层分解到个人？可以通过OKR的应用来有效实现，先提炼出公司整体的OKR目标，那就需要顶层设计，制定出总经理的OKR，再层层分解到个人。

7.4 各层级 OKR

1. 总经理的 OKR（见图 7-5）

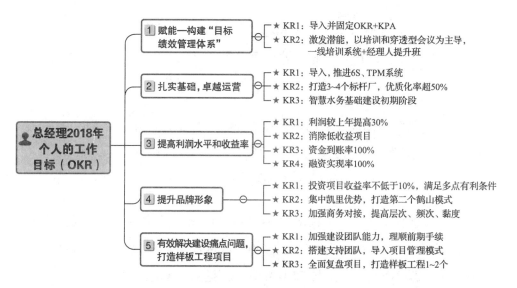

图 7-5 总经理的 OKR

OKR 的设计从顶层总经理刘××开始，总经理的 OKR 来自集团下达的经营业绩目标和管理效率目标，**在 OKR 的语境中，不是所有的目标都可以是 O 的，只有挑选出最具有挑战和野心的目标，才能是 O**，按这个标准进行提炼而形成了总经理的 OKR。

O1：赋能—构建"目标绩效管理体系"，其中有两个 KR，分别是 KR1：导入并固定 OKR + KPA；KR2：激发潜能，以培训和穿透型会议为主导，一线培训系统＋经理人提升班。

O2：扎实基础，卓越运营，其中有三个 KR，分别是 KR1：导入、推进 6S 和 TPM 系统；KR2：打造 3～4 个标杆厂，优质化率超 50%；KR3：智慧水务基础建设初期阶段。

O3：提高利润水平和收益率，有四个KR，分别是KR1：利润较上年提高30%；KR2：消除低收益项目；KR3：资金到账率100%；KR4：融资实现100%。

O4：提升品牌形象，有三个KR，分别是KR1：投资项目收益率不低于10%，满足多点有利条件；KR2：集中凯里优势，打造第二个鹤山模式；KR3：加强商务对接，提高层次、频率、黏度。

O5：有效解决建设痛点问题，打造样板工程项目，有三个KR，分别是KR1：加强建设团队能力，理顺前期手续；KR2：搭建支持团队，导入项目管理模式；KR3：全面复盘项目，打造样板工程1~2个。

从以上总经理的OKR的设定中，可以看出，第一个OKR是围绕提高管理能力，对管理层不断赋能所进行的一系列培训和潜能开发。第二个OKR是夯实管理基础，通过推进和导入6S和TPM系统，提高现场管理水平和促进规范化运作，并通过树立标杆厂的方式，实现智慧水务基础建设的初期阶段。第三个OKR是抓经济、抓效益，利润提高30%，作为龙头，就可以带动一系列的经济指标的实现，再加上资金到账率和融资实现率的完成。第四个OKR是围绕提升雇主品牌形象，做好业务模式的复制，提高投资收益率。第五个OKR是打造好样板工程，实现项目管理规范化。

2. 总经理OKR的分解

那总经理的OKR是如何层层分解的呢？怎样体现了上级的KR是下级的O？从图7-6可以看出分解的内在逻辑关系。

以总经理的O2为例，O2是扎实基础，卓越运营。KR1是导入、推进6S、TPM系统；KR2是打造3~4个标杆厂，优质化率超50%；KR3是智慧水务基础建设初期阶段。

总经理的这三个 KR 分别由两位副总分担，KR1"导入、推进 6S、TPM 系统"，就是副总经理石×的 O，石×的 KR1 是"4 个 6S 样板厂验收合格，1~2 个厂启动"，同时这个 KR 也成为运营部经理的 O：推进现场基础管理，达成样板厂验收。体现了上级的 KR 是下级的 O 这样一个内部的逻辑关系。运营部经理的 KR 就是"完成两个样板厂及 6S 所有基础工作，完成验收"。

总经理的 KR2"打造 3~4 个标杆厂，优质化率超 50%"，就成了副总经理张××的 O"完成标杆水厂对标梳理及提升、消缺方案制定"，张××的 KR 是 6 月底完成消缺方案的实施图表单，同时这个 KR 也是项目经理的 O，那项目经理的 KR 就是：拟定设备消缺方案实施图表单并组织实施。

总经理的 KR3"智慧水务基础建设初期阶段"，就成了副总经理石×的 O，他的 KR 是"专家小组梳理各水厂工艺、设备问题"，同时也转为了项目经理的 O，那项目经理的 KR 就是：实施凯里五污应急措施运行方案，5 月底确保出水达到一级 A 标。

通过这样的分解（见图 7-6），可以将总经理的 KR，通过副总经理再传到项目经理，有清晰的分解和传导，确保了目标的穿透性。在实际工作中，目标设定越有高度越有挑战性，往下分解就会越有空间，否则越向下分解，就会到非常具体的工作，就可能没有办法再细分了。另外并非完全按照上级的 KR 是下级的 O 这样一种关系，刚开始分解时，一开始的高度如果不够高，可能两层就分到底了，那就可以采取，下级的 O 围绕上级的 O 展开，但未必就是上级的 KR 这样的方式，也就是说，只要下级的 KR 与上级的 O 是对应关系，即使上级没有列入他的 KR，下级也不能因此就不设为自己的目标，因此也对应了 OKR 在分解目标时的 3+2 法则。

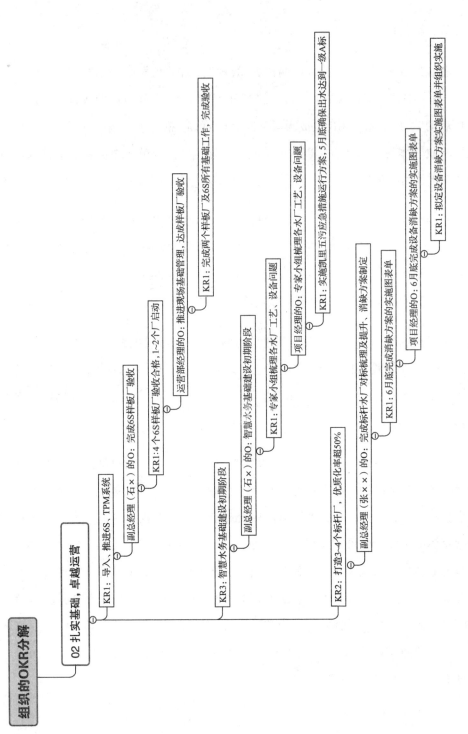

图7-6 组织的OKR分解

总经理的 OKR，五个 O 还是很有挑战性的，每个 O 设定的 KR 也有不同的工作内容，其中 O3 的 KR1"利润较上年提高 30%"，是将集团下达的经营业绩目标所列的 KPI 里，最重要的利润指标，纳入到 OKR 的目标中，从而兼顾了 KPI 的指标。每个 O 也是各有重点，比较每个 O 的 KR，可以发现 O4 的 KR3"加强商务对接、提高层次、频次、黏度"，比较模糊，不具体，不好衡量，还有 O5 的 KR1 和 KR2 也相对不好衡量。

3. 公司各部门的 OKR 制定

图 7-7 是各部门的目标分解表，总经理的 O 用了不同颜色，内在的关联性是，不同颜色分别传递到不同的部门的 O。总经理的 O1"赋能—构建'目标绩效管理体系'"，是用黄色标注，那同样用黄色标注的还有，副总经理石×的 O5"完成建章立制"、综合部刘×的 O3"推行计划运营管控模式"、人力资源部李××的 O1"构建目标绩效管理体系，确定第二季度 OKR"，O2"提高业务区团队能力（能力测评+任职资格体系）"，那这些目标之间的关联性，主要聚焦在"管理体系"上，那么建章立制、管控模式、构建目标绩效管理体系、提高团队能力，都有相关性，但作为总经理的 O1，也只列出了两个 KR，KR1"导入并固定 OKR+KPA"；KR2"激发潜能，以培训和穿透型会议为主导，一线培训系统+经理人提升班"，而这两个 KR 也被人力资源部列作了 O1 和 O2，但并不意味着这项工作就可以全部展开了。**所以各部门的新增 O，一定是要出于对公司顶层目标的支撑，而不只是单纯地分解上级的 KR。**

再看各项目运营公司的 OKR，因为有很多身处不同地区的项目运营公司，作为各项目运营公司的有共性的 O，总经理的 O2"扎实基础，卓越运营"，在各项目运营公司就变成 O3"保障生产的安全、稳定、节能、优质运行"；O4"推进现场 6S 工作，达成验收，启动 TPM 试点"；O5"标杆水厂对标梳理及提升、消缺方案制定"；同样总经理的 O3（提高利润水平和收益率），在各项目运营公司中对应的就是 O1"积极开展节能降耗，努力增加进水量，降低吨水电耗"；O2"保证当期水费 100%到账"。

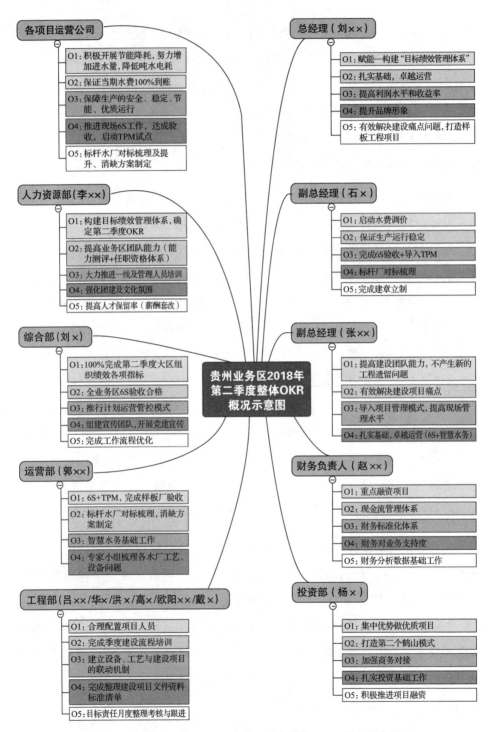

图 7-7 贵州业务区 2018 年第二季度整体 OKR 概况示意图

(此图的彩色版请见本书最后的插图)

7.5 OKR 执行

1. 高管的 OKR

(1) 表 7-1 为副总经理石×的 OKR。

表 7-1　副总经理石×的 OKR

凯里清源公司			石×	副总经理	
目标分解		目标及关键成果内容描述	完成标准 (可量化/可评价)	时间节点	
				开始	完成
目标一（O1）		积极开展节能降耗，努力增加进水量，降低吨水电耗			
1.1	关键成果 KR1	每天增加水量 8 000 吨	运行班每班组统计当班进水量；瞬时流量低于 2 200m³/h 时及时汇报，生产安排进水管网排查	4月1日	6月30日
1.2	关键成果 KR2	6月风机改造实现每天平均节约用电 400 度	5月制定改造方案及报批，5月底前完成滤池风机改造，6月进行改造前后电量对比	4月1日	6月30日
1.3	关键成果 KR3	6月20日前完成自控整合，6月21日起实现每天平均节约用电 200 度	5月底前拟定自控整合修改内容，6月20日前完成系统整合并调试运行	5月1日	6月30日
目标二（O2）		提标工程全面完工			
2.1	关键成果 KR1	5月25日前完成除臭系统安装，完成提标改造的环保验收	环保验收条件：系统安装完成，系统正常运行	5月1日	5月25日
2.2	关键成果 KR2	6月20日前完成绿化工程	5月底前完成第三方绿化单位报批及合同签订，6月20日前完成绿化及工程现场验收	5月1日	6月20日
目标三（O3）		完成 6S 样板厂验收			
3.1	关键成果 KR1	6月20日前完成 6S 所有基础工作	标准化上墙、流动红旗、整改单、评比表、6S 检查指导手册	5月1日	6月20日

(续)

目标分解	目标及关键成果内容描述	完成标准 （可量化/可评价）	时间节点	
			开始	完成
3.2 关键成果 KR2	开展6S现场检查与考评，6S合理化建议、优化提案评选	全员6S素养初步形成，并有持续改进意愿，无灰尘、无垃圾、定置化、区域定位意识、有改善的明显变化	5月1日	5月31日
3.3 关键成果 KR3	6月25日前完成6S管理体系文件	完成6S管理体系文件	5月1日	6月30日
3.4 关键成果 KR4	6月底完成样板厂验收	6月底完成样板厂验收	5月1日	6月30日
目标四（O4）	完成标杆水厂对标梳理及提升、消缺方案制定			
4.1 关键成果 KR1	5月底完成水厂对标工作梳理，6月底完成消缺方案的实施图表单	本地化对标标准文件、分析报告、时间表，消缺方案实施图表单	4月1日	5月31日
4.2 关键成果 KR2	完成基础数据采集，完成设备信息和现场视频上传手机移动端和业务区总控端	根据工艺段及设备类别进行设备基础数据分类统计	5月1日	6月30日

（2）副总经理张××的OKR如表7-2所示。

表7-2 副总经理张××的OKR

业务区		张××	副总经理	
目标分解	目标及关键成果内容描述	完成标准 （可量化/可评价）	时间节点	
			开始	完成
目标一（O1）	提高团队能力，达到独立造价、前期工作、现场施工管理，不产生新的工程遗留问题			
1.1 关键成果 KR1	根据业务需求，完成所有项目人员配置	在6月底完成所有在建项目人员配置；6月10日前完成已开工建设项目人员招聘工作，6月底制定出新项目人员配置方案和招聘方案	4月1日	6月30日

（续）

目标分解		目标及关键成果内容描述	完成标准 （可量化/可评价）	时间节点	
				开始	完成
1.2	关键成果 KR2	建设人员能力达到项目要求，完成培训	完成造价人员专业培训，开展项目管理人员建管手册培训	4月1日	6月30日
1.3	关键成果 KR3	建立设备、工艺人员与建设人员的工作联动机制	5月底编制出方案，明确相关人员职责，6月初启动联动机制，验证方案适用性，不断修订	5月1日	6月30日
目标二（O2）		有效解决项目痛点问题			
2.1	关键成果 KR1	成功消除现有痛点问题5个，重点解决北华中清涉及的项目问题	6月底消除现有痛点问题5个，北华中清问题解决率达50%	4月24日	6月30日
2.2	关键成果 KR2	对项目前期工作由业务区统筹推进，落实专人负责，明确业务区与项目公司职责分工，项目前期工作进展有明显成效	输出职责分工文件资料，无新问题产生	4月1日	5月30日
目标三（O3）		导入项目管理模式，提高现场管理水平			
3.1	关键成果 KR1	以项目管理模式推进日常工程管理	所有项目按照项目管理模式输出工作推进时间表、路线图等文件，形成周报反馈机制	4月1日	6月30日
3.2	关键成果 KR2	明确标杆项目评价标准，打造1个标杆项目	输出评价标准文件资料，树立1个标杆工程示范项目	4月1日	6月30日
3.3	关键成果 KR3	完成所有建设项目及项目负责人对项目建设管理目标责任书的梳理、阶段考核及跟进落实	完成阶段考核，跟进签署新目标责任书	5月1日	6月30日
目标四（O4）		扎实基础，卓越运营，打造标杆厂			

(续)

目标分解		目标及关键成果内容描述	完成标准（可量化/可评价）	时间节点	
				开始	完成
4.1	关键成果KR1	完成6S样板厂验收，在1~2个厂启动导入TPM管理体系	4个样板厂验收合格，1~2个厂启动	5月1日	6月30日
4.2	关键成果KR2	完成标杆水厂对标梳理及提升、消缺方案制定	输出梳理报告、提升方案	4月1日	5月30日
4.3	关键成果KR3	智慧水务基础工作启动，在1~2厂试点基础数据采集、设备移动端管理等	完成1~2个水厂基础数据采集、设备移动端二维码管理方案	4月1日	6月30日
4.4	关键成果KR4	专家小组梳理各水厂工艺、设备问题，制定安全、稳定、优化运行方案	输出问题清单及优化方案	4月1日	5月30日
4.5	关键成果KR5	收费、退税到账率100%	到账率100%	4月1日	6月30日

两位副总经理的OKR，其中石×的O3（**完成6S样板厂验收**）和O4（**完成标杆水厂对标梳理及提升、消缺方案制定**）是总经理的O2中的KR1（**导入、推进6S、TPM系统**）和KR3（**智慧水务基础建设初期阶段**），而O1（积极开展节能降耗，努力增加进水量，降低吨水电耗）和O2（提标工程全面完工）只是自身的本职工作内容。另一位副总经理张××的OKR，其O1（提高团队能力，达到独立造价、前期工作、现场施工管理，不产生新的工程遗留问题）是自己新增的O，O2（**有效解决项目痛点问题**）和O3（**导入项目管理模式，提高现场管理水平**），是总经理的O5的KR1（**加强建设团队能力，理顺前期手续**）和KR2（**搭建支持团队，导入项目管理模式**）内容，而O4（扎实基础，卓越运营）则是总经理的O2。从两位副总经理的OKR设定中可以看出，与总经理的KR有明显的对应关系，也有自身本职工作的内容，只是在O的有野心有挑战这方面，显得不足。

2. 工程部的 OKR

（1）工程部经理高×的 OKR 如表 7-3 所示。

表 7-3 工程部经理高×的 OKR

业务区 目标分解	工程部 目标及关键成果内容描述	高× 完成标准（可量化/可评价）	经理 时间节点 开始	经理 时间节点 完成
目标一（O1）	黎平提标工程建成通水			
1.1 关键成果 KR1	6月10日前二污土建工程完成	完成二污土建工程	4月1日	6月30日
1.2 关键成果 KR2	6月30日前二污主体设备安装完成	5月20日前完成采招计划，确定采购周期；6月20日前主体设备到场；6月30日主体设备现场安装完成	4月1日	6月30日
1.3 关键成果 KR3	6月10日前一污提标部分土建工程完成	提标改造工程土建5月30日完成，设备安装6月25日完成，6月30日通水调试	4月1日	6月30日
1.4 关键成果 KR4	6月30日前一污主体设备安装完成	5月20日前完成采招计划，确定采购周期；6月20日前主体设备到场；6月30日主体设备现场安装完成	4月1日	6月30日
目标二（O2）	把黎平提标工程打造成标杆项目			
2.1 关键成果 KR1	安全生产，全周期无安全事故发生	5月末完善项目安全管理制度，制定巡检方案，对存在隐患的100%整改完成	4月1日	6月30日
2.2 关键成果 KR2	全周期质量达标，单元工程合格率达到95%以上	隐蔽工程合格率100%，其他工程合格率95%	4月1日	6月30日
2.3 关键成果 KR3	全周期现场文明，规范施工	现场材料摆放整齐、建筑垃圾及时外运，警戒标志明显、验收及时，资料完整	4月1日	6月30日

(续)

目标分解		目标及关键成果内容描述	完成标准（可量化/可评价）	时间节点	
				开始	完成
目标三（O3）		有效解决播州项目遗留问题			
3.1	关键成果KR1	5月底前完成组织协调政府召开清算会议，明确剩余款项支付时间，6月底前争取收回资金1 000万元	5月底前完成组织协调政府召开清算会议，初步理清中××局及××公司计量工作	4月1日	5月30日
3.2	关键成果KR2	6月底前完成中××局及×公司未进入审计项目的清理工作	6月底前完成中××局及××公司未进入审计项目的清理工作	4月1日	6月30日

(2) 工程部经理洪×的OKR如表7-4所示。

表7-4 工程部经理洪×的OKR

业务区		工程部	洪×	经理	
目标分解		目标及关键成果内容描述	完成标准（可量化/可评价）	时间节点	
				开始	完成
目标一（O1）		消除清水江项目痛点问题			
1.1	关键成果KR1	确保不发生××事件	安抚××队、××商	4月1日	5月30日
1.2	关键成果KR2	完成前期施工队伍（中×科）的初步结算	6月20日前结算资料完整，6月30日前通过业务区造价审核	4月1日	6月30日
1.3	关键成果KR3	完善清水江项目所有工程资料	完成所有施工资料、签证资料的签字、盖章，确保所有资料的完整性、合法性；龙场用地规划及建设规划许可证；设备询价结论报告	4月1日	6月30日
目标二（O2）		解决凯里第一、第二污水厂提标遗留问题			
2.1	关键成果KR1	6月底取得工程施工规划许可证	建设工程施工规划许可证	4月1日	5月30日

(续)

目标分解	目标及关键成果内容描述	完成标准（可量化/可评价）	时间节点 开始	时间节点 完成
2.2 关键成果 KR2	推进与政府的结算工作，与政府确定送审时间	完成集团送审文件的确认，达到政府送审条件	4月1日	6月30日
2.3 关键成果 KR3	6月底完成拦标价批复	批复	4月1日	5月21日
目标三（O3）	确保清水江项目按期完工，满足政府要求			
3.1 关键成果 KR1	碧波、万潮污水厂5月30日通水	完成通水	4月1日	5月30日
3.2 关键成果 KR2	六污、大风洞、玻璃厂、龙场、下司、旁海、舟溪污水厂6月30日前通水	完成通水	4月1日	6月30日
目标四（O4）	加快推进凯里第三、第五污水厂提标项目，确保9月30日具备通水条件			
4.1 关键成果 KR1	5月30日前完成施工方案、施工计划完成	5月25日前拿到政府施工图	5月1日	5月30日
4.2 关键成果 KR2	6月15日前召开项目启动会	召开项目启动会	5月1日	6月15日

（3）工程部主管吕××的OKR如表7-5所示。

表7-5　工程部主管吕××的OKR

业务区	工程部	吕××	主管	
目标分解	目标及关键成果内容描述	完成标准（可量化/可评价）	时间节点 开始	时间节点 完成
目标一（O1）	提高造价团队能力，保证项目造价工作的正常完成			
1.1 关键成果 KR1	完成项目所需的造价人员配置	6月底入职1人	4月1日	6月30日
1.2 关键成果 KR2	组织现场造价工作培训，考核通过率100%	6月20日前完成造价培训及考核，通过率100%	4月30日	6月30日

(续)

目标分解		目标及关键成果内容描述	完成标准 （可量化/可评价）	时间节点	
				开始	完成
目标二（O2）		有效解决项目痛点问题			
2.1	关键成果KR1	6月底前完成都匀项目政府结算送审及进度时间表	1. 落实北华对外送审建安结算资料，按政府要求准备；2. 明确送审及审计完成进度时间表	5月20日	6月30日
2.2	关键成果KR2	6月底前完成凯里第一、第二污水厂对外结算资料集团审核；取得拦标价批复意见	凯里第一、第二污水厂对外结算资料编制及收集完成，报大区及集团审核，取得集团同意对外报送意见；5月25项目前期招标情况及送审拦标价向大区及集团汇报，6月30日前取得集团报审意见	5月25日	6月30日
2.3	关键成果KR3	6月5日前完成清水江项目超概算问题总投资测算文件	6月5日前完成总投资测算文件，报项目经理作为对政府超概算函件支持资料	5月1日	6月5日
2.4	关键成果KR4	6月30日前完成清水江项目中×科结算造价审核	中×科结算审核报告	/	6月30日
2.5	关键成果KR5	6月底前完成供水三期招标预算文件集团确认	1. 配合项目公司完成招标方案确认；2. 完成设备及管网工程预算审核并大区及集团确认	/	6月30日
目标三（O3）		高效完成业务区目前建设工程项目造价工作			
3.1	关键成果KR1	6月20日前完成清水江政府投标外材料认质认价	5月30日梳理出投标外现场发生的材料清单，6月20日前完成政府认质认价的确认资料	5月15日	6月20日
3.2	关键成果KR2	6月30日前剑河项目拦标价具备招标挂网条件	完成项目预算审核并报大区及集团确认	5月15日	6月30日
3.3	关键成果KR3	6月30日前取得清镇项目大区内部结算结果文件	6月底取得大区内部结算结果文件	5月10日	6月30日

（续）

目标分解		目标及关键成果内容描述	完成标准（可量化/可评价）	时间节点	
				开始	完成
目标四（O4）		完成造价工作建章立制			
4.1	关键成果 KR1	制定造价组工作制度的建立	6月底完成造价组工作制度、考核制度的建立	5月20日	6月30日
4.2	关键成果 KR2	年度结算任务分配	1. 根据大区结算任务进行分工；2. 根据分工列出结算工作节点计划	5月25日	6月30日

副总经理张××分管工程部的工作，其 O1（提高团队能力，达到独立造价、前期工作、现场施工管理，不产生新的工程遗留问题）分解到了吕××的 O1、O3、O4，主要是工程造价工作；副总经理张××的 O2（有效解决项目痛点问题）的 KR1（成功消除现有痛点问题 5 个，重点解决北华中清涉及的项目问题），分解到了高×的 O3、洪×的 O1、吕××的 O2，副总经理张××的 O3 的 KR2（明确标杆项目评价标准，打造 1 个标杆项目），则分解到了高×的 O2，副总经理张××的 O4 则分解到遵义项目运营公司中。在工程部的各岗位中，除了与副总经理的 KR 有相对应的 O，其他的 O 也是以工作的具体内容来设定，也是存在目标不够具有挑战性的问题。

3. 运营部的 OKR

（1）运营部经理郭××的 OKR 如表 7-6 所示。

表 7-6 运营部经理郭××的 OKR

业务区		运营部	郭××	经理	
目标分解		目标及关键成果内容描述	完成标准（可量化/可评价）	时间节点	
				开始	完成
目标一（O1）		推进现场基础管理项目（6S+TPM），达成样板厂验收			
1.1	关键成果 KR1	5月底完成两个样板厂（遵义青山、凯里二污）6S 所有基础工作，6月底完成验收	5月底完成两个样板厂（遵义青山、凯里二污）6S 所有基础工作，6月底完成验收	4月1日	5月30日

(续)

目标分解		目标及关键成果内容描述	完成标准 (可量化/可评价)	时间节点	
				开始	完成
1.2	关键成果 KR2	6月底完成剩余两个样板厂6S基础工作，7月底完成验收，所有非样板厂完成6S基础工作	6月底完成剩余两个样板厂6S基础工作，7月底完成验收，所有非样板厂完成6S基础工作	4月1日	6月30日
1.3	关键成果 KR3	完成6S管理体系文件	输出6S体系文件	5月1日	6月30日
1.4	关键成果 KR4	制定TPM导入方案，在1~2个厂启动导入TPM管理体系（遵义青山、凯里二污）	输出导入方案，完成1~2个厂的TPM导入	5月1日	6月30日
目标二（O2）		保证生产安全、稳定、优质运行			
2.1	关键成果 KR1	一污总磷控制在0.9mg/L以下，无超标	5月20日前完成工艺方案（加药、脱泥、进水浓度）、一污脱泥机	4月1日	6月30日
2.2	关键成果 KR2	5月底前完成一污、二污环保隐患消缺	现场标识标牌	4月1日	6月30日
目标三（O3）		启动智慧水务基础工作			
3.1	关键成果 KR1	在两个厂开始基础数据采集（凯里一污、清镇），完成设备信息和现场视频上传手机移动端和业务区总控端	在两个厂开始基础数据采集（凯里一污、清镇），完成设备信息和现场视频上传手机移动端和业务区总控端	4月1日	6月30日
3.2	关键成果 KR2	建立现场设备档案，先期启动青山、清镇两厂；探索、拟定二维码设备管理模式方案	建立现场设备档案，先期启动青山、清镇两厂；探索、拟定二维码设备管理模式方案	4月1日	6月30日
3.3	关键成果 KR3	争取都匀一期成为集团专家系统试点单位	争取都匀一期成为集团专家系统试点单位	4月1日	6月30日
目标四（O4）		专家小组梳理各水厂工艺、设备问题，制定安全、稳定、优化运行方案			

(续)

目标分解		目标及关键成果内容描述	完成标准 (可量化/可评价)	时间节点	
				开始	完成
4.1	关键成果KR1	5月实施凯里五污应急措施运行方案,5月底确保出水达到一级A标	5月实施凯里五污应急措施运行方案,5月底确保出水达到一级A标	4月24日	5月30日
4.2	关键成果KR2	5月底完成凯里一污高密池合理投药量确定	5月底完成凯里一污高密池合理投药量确定	4月1日	5月30日
4.3	关键成果KR3	6月中旬完成各水厂工艺、设备问题梳理及安全、稳定、优化运行方案制定	制定计划、工作流程、责任分工、问题清单	4月1日	6月30日

(2) 运营部工艺工程师王×的OKR如表7-7所示。

表7-7 运营部工艺工程师王×的OKR

业务区		运营部	王×	工艺工程师	
目标分解		目标及关键成果内容描述	完成标准 (可量化/可评价)	时间节点	
				开始	完成
目标一(O1)		5月实施凯里五污应急措施运行方案,5月底确保出水达到一级A标			
1.1	关键成果KR1	对凯里五污进出水水质(总氮、BOD、SCOD)进行检测,了解进水水质情况,以便选型外加碳源的类型和计算药剂用量	对凯里五污进出水水质(总氮、BOD、SCOD)进行检测,了解进水水质情况,以便选型外加碳源的类型和计算药剂用量	4月1日	5月15日
1.2	关键成果KR2	收集凯里五污生化池设计参数如尺寸、池型、运行工艺参数等;以确保粪大肠、SS达标,确定后续处理工艺	收集凯里五污生化池设计参数如尺寸、池型、运行工艺参数等;以确保粪大肠、SS达标,确定后续处理工艺	4月1日	5月15日
1.3	关键成果KR3	开展除磷小试,生产性中试;脱氮开展生产性实验,确定实际投药量;新增后续处理单元调试运行,月底确保各项指标达标	开展除磷小试,生产性中试;脱氮开展生产性实验,确定实际投药量;新增后续处理单元调试运行,月底确保各项指标达标	5月15日	5月31日

(续)

目标分解		目标及关键成果内容描述	完成标准（可量化/可评价）	时间节点 开始	时间节点 完成
目标二（O2）		5月底完成凯里一污高密池合理投药量确定			
2.1	关键成果KR1	收集凯里一污高密沉淀池现运行参数（PAC、PAM加药量，回流污泥量，剩余污泥排放等）；开展混凝实验，确定PAC、PAM理论投药量	收集凯里一污高密沉淀池现运行参数（PAC、PAM加药量，回流污泥量，剩余污泥排放等）；开展混凝实验，确定PAC、PAM理论投药量	4月1日	5月31日
2.2	关键成果KR2	根据混凝实验结果开展生产性实验，调整加药量，保证出水达标	根据混凝实验结果开展生产性实验，调整加药量，保证出水达标	4月1日	5月31日
目标三（O3）		6月中旬完成各水厂工艺、设备问题梳理及安全、稳定、优化运行方案制定			
3.1	关键成果KR1	5月底开始对各项目进行摸底调研，收集各工艺段设备、运行参数；了解工艺、设备存在的问题	5月底开始对各项目进行摸底调研，收集各工艺段设备、运行参数；了解工艺、设备存在的问题	4月1日	5月31日
3.2	关键成果KR2	整理调研结果，梳理存在的问题，各部门提出针对性整改意见，最终形成输出问题清单、整改优化方案	整理调研结果，梳理存在的问题，各部门提出针对性整改意见，最终形成输出问题清单、整改优化方案	4月23日	6月30日
3.3	关键成果KR3	根据问题清单、整改优化方案具体落实相关事宜	根据问题清单、整改优化方案具体落实相关事宜	4月23日	6月30日

运营部经理郭××的O1、O3就是总经理O2的KR1（导入、推进6S、TPM系统）和KR3（智慧水务基础建设初期阶段），运营部经理郭××的O2、O4则是加强项目管理，提高管理规范化水平。运营部工艺工程师王×的O1、O2、O3则是完全分解了郭××O4的三个KR，形成了完整的链接。

4. 投资部的 OKR

（1）投资部经理杨×的 OKR 如表 7-8 所示。

表 7-8 投资部经理杨×的 OKR

业务区	投资部		杨×	经理	
目标分解	目标及关键成果内容描述		完成标准（可量化／可评价）	时间节点	
				开始	完成
目标一（O1）	集中优势做优质项目				
1.1	关键成果 KR1	集中跟进有基础的传统水务项目	A 类项目	4月1日	6月30日
1.2	关键成果 KR2	收益率不低于 9%	签约项目内部收益率不低于 9%	4月1日	6月30日
1.3	关键成果 KR3	政府绩效考核、收费时间节点有利	绩效考核在合同中按集团标准约定，收费节点不超过季度	4月1日	6月30日
1.4	关键成果 KR4	完成现有项目投资评审、合同签订工作	遵义污水项目、大方三期污水项目、凯里三污、五污提标项目，剑河提标项目，黎平提标项目	5月1日	5月31日
目标二（O2）	集中凯里优势，打造第二个鹤山模式				
2.1	关键成果 KR1	制定整体策划方案，获得集团支持	通过集团审核	4月1日	6月30日
2.2	关键成果 KR2	与运营紧密协作，存量项目打造亮点	选择一个项目作为标杆厂打造	4月1日	6月30日
2.3	关键成果 KR3	促成集团领导与凯里市政府的交流	与凯里市政府主要领导会面	5月1日	6月30日
2.4	关键成果 KR4	推进凯里新项目、提标改造项目的进程	按照合同时间节点要求完成建设工期	4月1日	6月30日
目标三（O3）	加强商务对接，提高层次、频次、黏度				
3.1	关键成果 KR1	实现与省水投高层对接	有一次会面	5月1日	6月30日

(续)

目标分解		目标及关键成果内容描述	完成标准 (可量化/可评价)	时间节点	
				开始	完成
3.2	关键成果 KR2	实现与黔南州及都匀市领导高层对接	有一次会面	5月1日	6月30日
3.3	关键成果 KR3	与已合作地方政府及潜在目标市场对接次数不少于10次	走访主管部门10次	4月1日	6月30日
目标四（O4）		投资团队能力提高，扎实投资基础工作			
4.1	关键成果 KR1	启动编制"三图一库"投资规划工作	形成"一库"初稿	4月1日	6月30日
4.2	关键成果 KR2	完善相关合同模板、测算模板文件	形成合同、测算模板	4月1日	6月30日
4.3	关键成果 KR3	投资相关知识培训	培训次数不少于2次	5月1日	6月30日
目标五（O5）		积极推进项目融资			
5.1	关键成果 KR1	制定投资项目融资方案	3个项目融资方案	5月1日	6月30日
5.2	关键成果 KR2	获得凯里北控清源融资授信审批	审批通过	5月1日	6月30日
5.3	关键成果 KR3	启动大方三期、遵义新浦新区、黎平提标、清水江等项目融资工作	确定合作意向银行	5月1日	6月30日

（2）投资部测算主管杨×的OKR如表7-9所示。

表7-9　投资部测算主管杨×的OKR

业务区		投资部	杨×	测算主管	
目标分解		目标及关键成果内容描述	完成标准 (可量化/可评价)	时间节点	
				开始	完成
目标一（O1）		集中跟进有基础的传统水务项目			
1.1	关键成果 KR1	完成遵义市新蒲新区污水项目评审、合同签订工作	完成项目评审，签订项目合同	4月1日	6月30日

(续)

目标分解		目标及关键成果内容描述	完成标准 （可量化/可评价）	时间节点	
				开始	完成
1.2	关键成果KR2	完善都匀市中水回用项目前期手续	完成项目立项，通过大区预评审	5月10日	6月30日
1.3	关键成果KR3	提交丹寨县项目合作方案，明确项目合作关系	项目确定是否进行合作，如合作完成项目立项	5月10日	6月30日
1.4	关键成果KR4	跟进都匀乡镇污水及供排水一体化项目进展情况	确定合作方式，完成项目立项	4月1日	6月30日
目标二（O2）		收益率不低于9%			
2.1	关键成果KR1	完成遵义市新蒲新区污水项目内部收益率不低于9%	收益率不低于9%	5月1日	6月30日
2.2	关键成果KR2	完成都匀市中水回用项目投资边界条件设计	明确测算边界，集团完成可研审核	5月1日	6月30日
2.3	关键成果KR3	进行丹寨县项目合作方案设计、植入核心边界条件	可研完成集团审核	5月10日	6月30日
2.4	关键成果KR4	都匀乡镇污水及供排水一体化项目前期工作植入核心边界条件，实现内部收益率不低于9%	可研完成集团审核	4月1日	6月30日
目标三（O3）		实现与黔南州及都匀市领导高层对接			
3.1	关键成果KR1	编制完成高层对接合作方案	编写合作方案，递交拜访函	4月1日	6月30日
3.2	关键成果KR2	预约确定高层对接时间，实现高层对接	实现高层对接	5月1日	6月30日
目标四（O4）		与已合作地方政府及潜在目标市场对接次数不少于5次			
4.1	关键成果KR1	与新蒲政府对接污水处理厂新建、提标项目	实现与主管部门主要领导进行项目对接2次	5月1日	6月30日
4.2	关键成果KR2	都匀市水务局对接、中水回用、供排水一体化、农村污水项目	实现与主管部门主要领导进行项目对接2次	5月1日	6月30日

（续）

目标分解		目标及关键成果内容描述	完成标准 （可量化/可评价）	时间节点	
				开始	完成
4.3	关键成果KR3	与丹寨县对接污水处理厂扩建项目	实现与主管部门主要领导进行项目对接	5月1日	6月30日
4.4	关键成果KR4	与惠水县水务局对接供排水一体化项目	实现与主管部门主要领导进行项目对接	5月1日	6月30日
4.5	关键成果KR5	与习水县对接污水处理厂项目	实现与主管部门主要领导进行项目对接	5月1日	6月30日
目标四（O5）		形成测算模板及参加相关培训			
5.1	关键成果KR1	对污水项目测算模板进行优化，形成BOT、TOT等多模型测算模板	形成优化测算模板	4月1日	6月30日
5.2	关键成果KR2	为股权收购的供水项目设计模板	形成优化测算模板	4月1日	6月30日
5.3	关键成果KR3	参加业务区、其他部门培训两次，部门内部培训一次	参加部门内部培训一次，其他培训一次	4月1日	6月30日

（3）投资部主管董××的OKR如表7-10所示。

表7-10　投资部主管董××的OKR

业务区		投资部	董××	主管	
目标分解		目标及关键成果内容描述	完成标准 （可量化/可评价）	时间节点	
				开始	完成
目标一（O1）		集中优势做优质项目			
1.1	关键成果KR1	集中跟进有前期接触的传统水务项目	跟进凯里三污、五污提标，剑河提标，黎平提标项目，形成投资测算及投资分析报告	4月1日	6月30日
1.2	关键成果KR2	收益率不低于9%	提标及新建项目至少有一个项目综合收益率达到9%	4月1日	6月30日
1.3	关键成果KR3	政府绩效考核、收费时间节点有利	大方项目绩效考核在合同中按集团标准约定，收费节点不超过季度	4月1日	6月30日

(续)

目标分解		目标及关键成果内容描述	完成标准 （可量化/可评价）	时间节点	
				开始	完成
1.4	关键成果 KR4	完成现有项目投资评审、合同签订工作	大方三期污水项目，凯里三污、五污提标项目，剑河提标项目，黎平提标项目	5月1日	6月30日
目标二（O2）		加强商务对接，提高层次、频次、黏度			
2.1	关键成果 KR1	与已合作地方政府对接	走访凯里、大方主管部门合计不少于两次	4月1日	6月30日
2.2	关键成果 KR2	对接曾经协商目标的市场	对接六盘水地区合计不少于1次	4月1日	6月30日
2.3	关键成果 KR3	对接潜在目标市场	走访安顺地区合计不少于1次	5月1日	6月30日
目标三（O3）		启动编制"三图一库"投资规划工作			
3.1	关键成果 KR1	提供成本库数据	提供大方项目、遵义项目、凯里项目技术中心成本文件	5月1日	6月30日
3.2	关键成果 KR2	提供投资地图数据	提供毕节地区水务市场情况	5月1日	6月30日
3.3	关键成果 KR3	提供财政数据	提供安顺、毕节、六盘水地区各县区最近三年财政情况	4月1日	6月30日
目标四（O4）		完善相关合同模板、测算模板文件			
4.1	关键成果 KR1	提供投资测算文件	提供遵义项目、大方项目、凯里提标测算表	4月1日	6月30日
4.2	关键成果 KR2	提供合同模板文件	提供遵义项目、大方项目、凯里提标合同	4月1日	6月30日
4.3	关键成果 KR3	提供绩效模板文件	提供绩效考核模板文件	5月1日	6月30日
目标五（O5）		积极推进项目融资			

(续)

目标分解		目标及关键成果内容描述	完成标准（可量化/可评价）	时间节点	
				开始	完成
5.1	关键成果KR1	制定投资项目融资方案	完成两个项目融资方案	5月1日	6月30日
5.2	关键成果KR2	推动存量项目融资工作	完成存量项目融资资料报送（凯里三污、四污、五污，剑河，凯里供水三期）	5月1日	6月30日
5.3	关键成果KR3	启动大方三期项目融资工作	确定合作意向银行	5月1日	6月30日

（4）投资部投融资主管杨×的OKR如表7-11所示。

表7-11　投资部投融资主管杨×的OKR

业务区		投资部	杨×	投融资主管	
目标分解		目标及关键成果内容描述	完成标准（可量化/可评价）	时间节点	
				开始	完成
目标一（O1）		积极推进项目融资			
5.1	关键成果KR1	制定投资项目融资方案	1个项目融资方案	5月10日	6月30日
5.2	关键成果KR2	获得凯里北控清源融资授信审批	审批通过	5月10日	6月30日
5.3	关键成果KR3	启动遵义新浦新区、清水江项目融资工作	确定合作意向银行	5月10日	6月30日
目标二（O2）		积极完成各项报表			
5.1	关键成果KR1	每周项目信息卡片、每月资金计划报送	沟通对接各区域投资经理项目信息卡片及每月资金计划，及时更新并报送	5月10日	6月30日
5.2	关键成果KR2	临时性报表报送	积极沟通相关部门及人员按要求、按规定时间报送	5月10日	6月30日
目标三（O3）		积极配合做好综合工作			
5.1	关键成果KR1	编制"三图一库"	形成"一库"初稿	5月10日	6月30日
5.2	关键成果KR2	积极做好后台支持工作	新增项目信息储备、信息交互工作	5月10日	6月30日

(5) 投资部法务高××的 OKR 如表 7-12 所示。

表 7-12 投资部法务高 XX 的 OKR

业务区		投资部	高××	法务	
目标分解		目标及关键成果内容描述	完成标准 (可量化/可评价)	时间节点	
				开始	完成
目标一 (O1)		投资相关知识培训			
1.1	关键成果 KR1	配合运营完成水污染知识培训及试题库	培训及试题库 100 道题	4月1日	6月30日
目标二 (O2)		完善相关合同模板			
2.1	关键成果 KR1	完善项目公司日常经营类合同	完成安保服务合同等 8 个合同	4月1日	6月30日
2.2	关键成果 KR2	完善 TOT 合同及补充协议	完成 TOT 合同及 2 个补充协议	4月1日	6月30日
目标三 (O3)		集中跟进有基础的传统水务项目			
3.1	关键成果 KR1	跟进遵义新蒲项目合同	完成合同谈判与对接，预计完成合同签订	5月1日	6月30日
3.2	关键成果 KR2	跟进大方项目合同	完成合同谈判与对接，预计完成合同签订	5月1日	6月30日
3.3	关键成果 KR3	跟进剑河，凯里三污、五污补充协议	完成合同谈判与对接，预计完成合同签订	4月1日	6月30日
目标四 (O4)		整合水务相关法律法规及文件			
4.1	关键成果 KR1	整合环保相关文件	包括《中华人民共和国环境保护法》在内的相关法律	4月1日	6月30日
4.2	关键成果 KR2	整合 PPP 项目合同指南相关文件	PPP 项目合同指南，指导文件	4月1日	6月30日

投资部经理杨×的 O2（集中凯里优势，打造第二个鹤山模式）和 O3（加强商务对接，提高层次、频次、黏度）源自于总经理 O4 的 KR2、KR3，而投资部经理杨×的 O1、O4、O5 则来自于杨×自己的想法。投资部主管董××的

O1、O2完全承接了投资部经理杨×的O1、O3，主管董××的O3（启动编制"三图一库"投资规划工作），则是经理杨×的O4的KR1，主管董××的O4（完善相关合同模板、测算模板文件），则是经理杨×的O4的KR2，主管董××的O5也是承担了经理杨×的O5，只是融资项目是大方三期。投资部法务高××的O1、O3、O4都是自己提出的，O2（完善相关合同模板）则是投资部经理杨×的O4的KR2（完善相关合同模板、测算模板文件）。投资部测算主管杨×的O2（收益率不低于9%），是投资部经理杨×的O1的KR2，测算主管杨×的O3（实现与黔南州及都匀市领导高层对接），是经理杨×的O3的KR2，测算主管杨×的O5（形成测算模板及参加相关培训），是经理杨×的O4的KR2，O1、O4则是测算主管杨×自己提出的想法。投融资主管杨×的O1（积极推进项目融资），是承接了经理杨×的O5，另外两个O是自身岗位提出的。从整体上来看，OKR内部的传递还是很清晰的，经理承接了总经理的KR，其他人承接了经理的KR或O的全部，不太理想的地方是经理以下岗位的OKR制定还是比较基础，事务性的工作较多。

5. 遵义公司的OKR

（1）遵义公司总经理胡××的OKR如表7-13所示。

表7-13 遵义公司总经理胡××的OKR

遵义公司		公司领导	胡××	总经理	
目标分解		目标及关键成果内容描述	完成标准 （可量化/可评价）	时间节点	
				开始	完成
目标一（O1）		完成水费调价			
1.1	关键成果KR1	6月底取得政府准予上调水价的批复文件	4月30日前完成调价方案（含调价申请函）	5月10日	6月30日
1.2	关键成果KR2	批复水价达到预期	5月5日报送调价方案，5月30日前拿到成本监审结果	5月5日	6月15日
1.3	关键成果KR3	水费执行时间达到预期（6月1日）	6月30日前，拿到遵义市供水公司准予上调水价的复函	6月1日	6月30日

(续)

目标分解		目标及关键成果内容描述	完成标准 (可量化/可评价)	时间节点	
				开始	完成
目标二（O2）		生产运行稳定，安全优质供水			
2.1	关键成果KR1	制定生产工艺（生产废水回用）调整方案及完成实操培训，无水质超标情况发生	4月底前输出方案，持续优化方案，同步完成培训，员工实现熟练操作；主要指标控制标准：锰（临界指标0.1mg/L）<0.05mg/L、色度（临界指标15度）<5度、浊度（临界指标1NTU）<0.5NTU；安全稳定生产91天	4月20日	6月30日
2.2	关键成果KR2	无设备原因影响生产稳定、安全、优质运行情况发生	6月中旬完成空压机重置，空压机重置前确定应急方案流程；达到A类生产设备一用一备（设备台账可查）；保持脱泥系统正常运行状态，满足生产脱泥需要；完成设备本年度防腐工作	4月1日	6月30日
目标三（O3）		完成6S样板厂验收，启动TPM导入工作			
3.1	关键成果KR1	5月底前完成6S所有基础工作	标准化上墙、流动红旗、整改单、评比表、6S检查指导手册	4月1日	5月25日
3.2	关键成果KR2	开展6S现场检查与考评，6S合理化建议、优化提案评选	全员6S素养初步形成，并有持续改进意愿，无灰尘、无垃圾、定置化、区域定位意识、有改善的明显变化	4月28日	6月1日
3.3	关键成果KR3	6月中旬完成样板厂验收	6月中旬完成样板厂验收	5月28日	6月15日
3.4	关键成果KR4	完成6S管理体系文件	完成6S管理体系文件	5月1日	6月1日

(续)

目标分解		目标及关键成果内容描述	完成标准 （可量化/可评价）	时间节点	
				开始	完成
3.5	关键成果KR5	启动导入TPM管理体系	方案、培训准备	5月28日	6月30日
目标四（O4）		完成标杆水厂对标梳理及提升、消缺方案制定			
4.1	关键成果KR1	5月底完成水厂对标工作梳理	本地化对标标准文件、分析报告、时间表	4月1日	5月25日
4.2	关键成果KR2	6月底完成消缺方案的实施图表单	消缺方案实施图表单	4月1日	5月21日

（2）遵义公司总经理助理胡××的OKR如表7-14所示。

表7-14 遵义公司总经理助理胡××的OKR

遵义公司			胡××	总经理助理	
目标分解		目标及关键成果内容描述	完成标准 （可量化/可评价）	时间节点	
				开始	完成
目标一（O1）		完成6S样板厂验收			
1.1	关键成果KR1	5月底前完成6S所有基础工作	5月上旬完成办公室6S基础工作，5月底完成车间、库房、厂区6S基础工作，标准化上墙、流动红旗、整改单、评比表、6S检查指导手册	4月1日	5月25日
1.2	关键成果KR2	开展6S现场检查与考评，6S合理化建议、优化提案评选	全员6S素养初步形成，并有持续改进意愿，无灰尘、无垃圾、定置化、区域定位意识、有改善的明显变化	4月28日	5月28日
1.3	关键成果KR3	6月中旬完成样板厂验收	5月底完成6S所有基础工作，6月中旬完成验收	5月28日	6月12日
1.4	关键成果KR4	完成6S管理体系文件	6月底完成青山水厂6S标准体系文件	5月1日	6月25日
目标二（O2）		完成水费调价			

（续）

目标分解		目标及关键成果内容描述	完成标准 （可量化/可评价）	时间节点	
				开始	完成
2.1	关键成果KR1	对接第三方审计机构，按时拿到审计报告	6月10日前拿到审计报告	5月12日	6月1日
2.2	关键成果KR2	取得政府准予上调水价的批复文件	6月底取得批复文件	5月20日	6月30日
目标三（O3）		完成标杆水厂对标梳理及提升、消缺方案制定			
3.1	关键成果KR1	5月底完成水厂对标工作梳理	本地化对标标准文件、分析报告、时间表	4月1日	5月30日
3.2	关键成果KR2	6月底完成消缺方案的实施图表单	消缺方案实施图表单	4月1日	5月21日

（3）遵义公司综合部经理杨×的OKR如表7-15所示。

表7-15 遵义公司综合部经理杨×的OKR

遵义公司		综合部	杨×	经理	
目标分解		目标及关键成果内容描述	完成标准 （可量化/可评价）	时间节点	
				开始	完成
目标一（O1）		完成6S样板厂验收			
1.1	关键成果KR1	5月底前完成设备、安全、综合相关6S所有基础工作	5月底前完成设备、安全、综合相关6S所有基础工作	4月1日	5月20日
1.2	关键成果KR2	开展设备、安全6S相关现场检查与考评，6S合理化建议、优化提案评选	全员6S素养初步形成，并有持续改进意愿，无灰尘、无垃圾、定置化、区域定位意识、有改善的明显变化	4月28日	5月28日
1.3	关键成果KR3	6月中旬完成样板厂设备、安全6S相关验收	5月底完成设备、安全6S相关所有基础工作，6月中旬完成验收	5月28日	6月10日
1.4	关键成果KR4	完成设备、安全6S相关管理体系文件	6月底完成青山水厂设备、安全6S相关标准体系文件	5月1日	6月22日

（续）

目标分解		目标及关键成果内容描述	完成标准 （可量化/可评价）	时间节点	
				开始	完成
目标二（O2）		组建宣传团队，开展宣传活动，提升公司品牌形象			
2.1	关键成果 KR1	宣传遵义公司投稿稿件一篇	对接老师完成培训、梳理清单、设备点检表	4月1日	6月30日
目标三（O3）		完成标杆水厂对标梳理及提升、消缺方案制定			
3.1	关键成果 KR1	安全、行政、人事管理相关本地化对标标准文件	安全、行政、人事管理相关本地化对标标准文件整理	4月1日	6月30日
3.2	关键成果 KR2	安全、行政、人事管理相关消缺方案整理	安全、行政、人事管理相关消缺方案整理	4月1日	6月30日
目标四（O4）		构建目标绩效管理运行体系			
4.1	关键成果 KR1	结合业务区绩效管理办法，制定公司绩效管理制度	结合本公司实际情况，制定公司绩效管理办法	4月1日	6月30日
目标五（O5）		完成水费调价			
5.1	关键成果 KR1	协助完成水费调价资料		5月10日	6月30日

（4）遵义公司设备经理叶××的OKR如表7-16所示。

表7-16　遵义公司设备经理叶××的OKR

遵义公司			叶××	设备经理	
目标分解		目标及关键成果内容描述	完成标准 （可量化/可评价）	时间节点	
				开始	完成
目标一（O1）		完成6S样板厂验收			
1.1	关键成果 KR1	5月底前完成设备、安全相关6S所有基础工作		4月1日	5月28日
1.2	关键成果 KR2	开展设备、安全6S相关现场检查与考评，6S合理化建议，优化提案评选	全员6S素养初步形成，并有持续改进意愿，无灰尘、无垃圾、定置化、区域定位意识、有改善的明显变化	4月28日	6月1日

(续)

目标分解		目标及关键成果内容描述	完成标准 (可量化/可评价)	时间节点	
				开始	完成
1.3	关键成果 KR3	6月中旬完成样板厂设备、安全6S相关验收	5月底完成设备、安全6S相关所有基础工作，6月中旬完成验收	5月28日	6月12日
1.4	关键成果 KR4	完成设备、安全6S相关管理体系文件	6月底完成青山水厂设备、安全6S相关标准体系文件	5月1日	6月25日
目标二（O2）		启动TPM导入工作			
2.1	关键成果 KR1	启动TPM前期准备工作	对接老师完成培训、梳理清单、设备点检表	5月1日	6月30日
目标三（O3）		生产运行稳定，安全优质供水			
3.1	关键成果 KR1	无设备原因影响生产稳定、安全、优质运行情况发生	6月中旬完成空压机重置，空压机重置前确定应急方案流程；达到A类生产设备一用一备（设备台账可查）；保持脱泥系统正常运行状态，满足生产脱泥需要	4月1日	6月30日
目标四（O4）		完成标杆水厂对标梳理及提升、消缺方案制定			
4.1	关键成果 KR1	5月底完成水厂设备、安全相关对标工作梳理	设备、安全相关本地化对标标准文件、分析报告、时间表	4月1日	5月25日
4.2	关键成果 KR2	6月底完成设备、安全相关消缺方案的实施图表单	设备、安全相关消缺方案实施图表单	4月1日	5月21日

（5）遵义公司生产部经理张××的OKR如表7-17所示。

表7-17　遵义公司生产部经理张××的OKR

遵义公司		生产部	张××	生产部经理	
目标分解		目标及关键成果内容描述	完成标准 (可量化/可评价)	时间节点	
				开始	完成
目标一（O1）		完成6S样板厂验收			
1.1	关键成果 KR1	5月底前完成设备、安全相关6S所有基础工作		4月1日	5月28日

(续)

目标分解		目标及关键成果内容描述	完成标准 (可量化/可评价)	时间节点	
				开始	完成
1.2	关键成果KR2	开展设备、安全6S相关现场检查与考评,6S合理化建议、优化提案评选	全员6S素养初步形成,并有持续改进意愿,无灰尘、无垃圾、定置化、区域定位意识、有改善的明显变化	4月28日	6月1日
1.3	关键成果KR3	6月中旬完成样板厂设备、安全6S相关验收	5月底完成设备、安全6S相关所有基础工作,6月中旬完成验收	5月5日	5月30日
1.4	关键成果KR4	完成设备、安全6S相关管理体系文件	6月底完成青山水厂设备、安全6S相关标准体系文件	5月1日	5月25日
目标二(O2)		启动TPM导入工作			
2.1	关键成果KR1	启动TPM前期准备工作	对接老师完成培训、梳理清单、设备点检表	5月1日	6月30日
目标三(O3)		生产运行稳定,安全优质供水			
3.1	关键成果KR1	无设备原因影响生产稳定、安全、优质运行情况发生	6月中旬完成空压机重置,空压机重置前确定应急方案流程;达到A类生产设备一用一备(设备台账可查);保持脱泥系统正常运行状态,满足生产脱泥需要;完成设备本年度防腐工作	4月1日	6月30日
目标四(O4)		完成标杆水厂对标梳理及提升、消缺方案制定			
4.1	关键成果KR1	5月底完成水厂设备、安全相关对标工作梳理	设备、安全相关本地化对标标准文件、分析报告、时间表	4月1日	5月25日
4.2	关键成果KR2	6月底完成设备、安全相关消缺方案的实施图表单	设备、安全相关消缺方案实施图表单	4月1日	5月21日

项目运营公司遵义公司总经理胡××的O1、O2是根据项目运营公司工作内容，自己提出的，水费调价，关系到利润指标，一定要合力拿下；其O3（完成6S样板厂验收，启动TPM导入工作）源自于总经理刘××的O2的KR1；其O4（完成标杆水厂对标梳理及提升、消缺方案制定），则来自副总经理张××的O4的KR2。总经理助理胡××的OKR，O1、O2、O3全部来自遵义公司总经理的O，没有提出自己的O。遵义公司综合部经理杨×的OKR，O1、O3、O5源自于总经理助理的O1、O2、O3；其O2（组建宣传团队，开展宣传活动，提升公司品牌形象）则是自己提出的O；其O4（构建目标绩效管理运行体系），是来源于总经理刘××的O1，说明整体的目标贯穿性良好。遵义公司设备经理叶××的OKR，O1、O2、O3、O4，全部来自于胡××的O1、O3，缺乏自己提出的O。遵义公司生产部经理张××的O1、O2、O3、O4与设备经理叶××都是一致的。说明整体而言，遵义公司的OKR设定有太多雷同，没有创新。

6. 都匀公司的OKR

（1）都匀公司总经理李×的OKR如表7-18所示。

表7-18　都匀公司总经理李×的OKR

都匀公司		目标及关键成果内容描述	李×	总经理	
目标分解			完成标准（可量化/可评价）	时间节点	
				开始	完成
目标一（O1）		达成上半年水费到账			
1.1	关键成果KR1	6月底保证当期水费、退税全额到账	水费、退税全额到账	4月1日	6月30日
1.2	关键成果KR2	二期历史欠费回收700万元	历史欠费到账	5月1日	6月30日
目标二（O2）		保障生产的安全、稳定、节能、优质运行			
2.1	关键成果KR1	6月底干化中心达到正常运行	干化中心达到正常运行，6月30日完成干化中心设备性能测试	4月10日	4月30日

(续)

目标分解		目标及关键成果内容描述	完成标准 （可量化/可评价）	时间节点	
				开始	完成
2.2	关键成果 KR2	第二季度污泥浓度在节能降耗的前提下逐渐下降，无影响水质达标情况发生	编制经济测算分析文件，污泥浓度标准：<3 500 mg/L	4月25日	6月1日
2.3	关键成果 KR3	保证出水总磷达标的经济药耗控制	经济药耗控制标准：PAC投加量控制：<20mg/L，PAM控制：0.6mg/L，出水达标总磷标准：<0.5	4月1日	6月30日
目标三（O3）		推进现场6S工作，达成验收			
3.1	关键成果 KR1	5月底前完成本厂样板区设定及基础工作完成，6月底完成对样板区验收，7月底完成总体验收	样板区设定、标准化上墙、流动红旗、整改单、评比表、6S检查指导手册	4月1日	6月30日
3.2	关键成果 KR2	开展6S现场检查与考评，6S合理化建议、优化提案评选	全员6S素养初步形成，并有持续改进意愿，无灰尘、无垃圾、定置化、区域定位意识、有改善的明显变化	4月1日	6月30日
3.3	关键成果 KR3	完成6S管理体系文件1.0版	有成果文件	4月1日	6月30日
目标四（O4）		完成审计问题整改			
4.1	关键成果 KR1	落实建设整改问题22项	编制整改计划、整改方案、事项数22项	4月20日	6月30日
4.2	关键成果 KR2	落实运营整改问题14项	编制整改计划、整改方案、事项数14项	4月20日	6月30日

（2）都匀公司企管部经理邓××的OKR如表7-19所示。

表7-19 都匀公司企管部经理邓××的OKR

都匀公司		企管部	邓××		经理
目标分解		目标及关键成果内容描述	完成标准 （可量化/可评价）	时间节点	
				开始	完成
目标一（O1）		达成上半年水费到账			
1.1	关键成果 KR1	6月20日前保证当期水费、退税全额到账	水量确认、水费、退税全额到账	4月1日	6月30日

(续)

目标分解	目标及关键成果内容描述	完成标准（可量化/可评价）	时间节点 开始	时间节点 完成
1.2 关键成果KR2	二期历史欠费回收800万元	历史欠费到账，其中有200万元，政府已经拨到市水务局下属的水投公司，由于工程上本项目还欠水投公司工程款，此笔款项还未拨到公司。另外，继续与水务局沟通，向市政府汇报并安排人员积极联系政府尽早拨款	5月1日	6月30日
目标二（O2）	完成审计问题整改			
2.1 关键成果KR1	落实建设整改问题3项	落实建设整改事项3项，督促川江公司完成都匀二期生化池管道防腐整改工作、落实二期生化池池壁漏水修复工作、落实二期沉淀池沉砂井壁漏水修复工作	4月20日	6月30日
2.2 关键成果KR2	落实运营整改问题8项	1. 督办落实药剂采购管理及使用工作，内控管理，询价比价、到货验收、使用出库等内控流程得到有效执行。2. 督办污泥运输内控过程，要求污泥外运记录必须做到门卫、运输单位、车辆驾驶员、现场监督人员均要签字确认。3. 督办解决二期出水TP超标情况，防止环保风险。4. 督办降低生物池污泥浓度在3 000～5 000mg/L范围之内。5. 督办和加强生产库房的管理，库存物资要合理分类摆放 6. 督促相关部门购买安全设施，消除安全隐患 7. 督促相关部门加强设施和设备的维修、维护。8. 督促相关部门对生物池仪表进行日常维护，确保正常出数据	4月20日	6月30日

(续)

目标分解		目标及关键成果内容描述	完成标准 （可量化/可评价）	时间节点	
				开始	完成
目标三（O3）		完成水厂对标梳理及提升、消缺方案制定			
3.1	关键成果KR1	5月底完成水厂对标工作梳理	督促相关部门完成本地化对标标准文件整理下发工作	4月10日	4月30日
3.2	关键成果KR2	6月底完成消缺方案的实施图表单	督促相关部门完成业务区下发的隐患整改实施图表单并督办	4月25日	6月1日

(3) 都匀公司生产部副经理成××的OKR如表7-20所示。

表7-20 都匀公司生产部副经理成××的OKR

都匀公司		生产部	成××	副经理	
目标分解		目标及关键成果内容描述	完成标准 （可量化/可评价）	时间节点	
				开始	完成
目标一（O1）		增进生产的安全、稳定、优质			
1.1	关键成果KR1	在经济运行的前提下，出水达标100%	1. PAC投加量控制：<20mg/L，PAM控制：0.6mg/L； 2. 5月底前找出工艺工作的问题与不足	4月23日	6月30日
1.2	关键成果KR2	完成科学有效的工艺指导方案，指导工艺标准	1. 完成运行班记录表格的更新、修改与优化； 2. 完善高效池运行指导手册	5月10日	6月30日
1.3	关键成果KR3	开展一线岗位培训	1. 完成化验室理论基础部分的培训及考核两次； 2. 完成化验室实操部分的考核两次； 3. 完成PAC有效成分检测的培训	4月20日	6月15日

(续)

目标分解		目标及关键成果内容描述	完成标准 (可量化/可评价)	时间节点	
				开始	完成
目标二（O2）		推进设备6S管理，达成验收			
2.1	关键成果KR1	6月中旬完成对化验室6S工作的全面验收	6S素养形成，并有持续改进意愿，无灰尘、无垃圾、定置化、区域定位意识、有改善的明显变化	4月1日	6月15日

（4）都匀公司综合部副经理瞿×的OKR如表7-21所示。

表7-21 都匀公司综合部副经理瞿×的OKR

都匀公司		综合部	瞿伟	副经理	
目标分解		目标及关键成果内容描述	完成标准 (可量化/可评价)	时间节点	
				开始	完成
目标一（O1）		推进现场6S工作，达成验收			
1.1	关键成果KR1	5月底前完成本厂样板区设定及基础工作完成，6月底完成对样板区验收，7月底完成总体验收	样板区设定、标准化上墙、流动红旗、整改单、评比表、6S检查指导手册、推进进度	4月1日	6月30日
1.2	关键成果KR2	开展6S现场检查与考评，提出6S合理化建议，优化提案评选	全员6S素养初步形成，并有持续改进意愿，无灰尘、无垃圾、定置化、区域定位意识、有改善的明显变化	5月1日	6月30日
1.3	关键成果KR3	完成6S管理体系文件1.0版	持续开展每日6S工作检查，以部门为单位每月进行6S工作评比，合理化建议的采纳以及奖优罚劣	5月1日	6月30日
目标二（O2）		完成审计问题整改			
2.1	关键成果KR1	落实运营整改问题2项	编制整改计划、整改方案，整改涉及事项2项（合同管理、劳务费梳理）	5月1日	5月30日

(5) 都匀公司设备部工程师吴××的OKR如表7-22所示。

表7-22 都匀公司设备部工程师吴××的OKR

都匀公司	设备部	吴××	工程师	
目标分解	目标及关键成果内容描述	完成标准（可量化/可评价）	时间节点	
			开始	完成
目标一（O1）	保障设备安全、稳定、优质、节能运行			
1.1 关键成果KR1	能够独立完成干化中心设备日常维护、维修工作	参与干化中心设备安装、调试，形成维护维修总结报告	4月20日	6月30日
1.2 关键成果KR2	6月底前完成年度重置计划进度的工作6项	6月底完成大修重置项目：宏泰公司1.中水泵重置；2.剩余污泥泵重置2台；3.化验COD恒温加热器重置；4.化验室压力灭菌桶重置；北控公司1.干化中心新增加药螺杆泵一台备用；2.干化中心新增铁盐隔膜泵备用	4月20日	6月30日
1.3 关键成果KR3	做好关键点设备的维护，安全稳定运行91天	废水池、回流泵、高效沉淀池设备，安全生产记录	4月20日	6月30日
1.4 关键成果KR4	6月底前按规定完成有限空间作业的培训、演练	有报备、有方案、有程序、有图片、有记录、有书面总结	4月20日	6月30日
目标二（O2）	完成审计问题整改监督与验收			
2.1 关键成果KR1	落实建设整改问题2项：1.二期废水井溢流问题；2.二期变压器铜牌绝缘套管开裂	1.二期废水井溢流问题采用钢板焊接封堵溢流管。2.二期变压器铜牌绝缘套管开裂，安排机修班每天两次巡视变压器运行情况，检测变压器温度、电流等并做好记录，如发现异常及时处理	4月1日	6月30日

(续)

目标分解		目标及关键成果内容描述	完成标准 (可量化/可评价)	时间节点	
				开始	完成
2.2	关键成果KR2	落实运营整改问题1项	进水COD更改采样点，配合生产部实施	5月1日	6月30日
目标三（O3）		推进设备6S管理，达成验收			
3.1	关键成果KR1	5月底前完成本厂样板区设定及基础工作，6月底完成对样板区的验收	设备现场管理6S验收及样板厂设备相关6S验收	4月10日	4月30日

（6）都匀公司综合部行政主管周×的OKR如表7-23所示。

表7-23 都匀公司综合部行政主管周×的OKR

都匀公司		综合部	周×	行政主管	
目标分解		目标及关键成果内容描述	完成标准 (可量化/可评价)	时间节点	
				开始	完成
目标一（O1）		6S样板区验收工作			
1.1	关键成果KR1	5月底前完成本厂样板区设定及基础工作	样板区设定、标准化上墙、6S检查指导手册、推进进度	5月8日	5月30日
1.2	关键成果KR2	6月底完成样板区验收工作	标准化上墙、流动红旗、6S检查指导手册、推进进度	5月8日	6月30日
1.3	关键成果KR3	7月底完成总体验收	6S检查指导手册、推进进度	5月1日	6月30日
目标二（O2）		持续开展及推进6S工作			
2.1	关键成果KR1	6S工作成果的保持，全员6S素养提高	全员6S素养形成，并有持续改进意愿，无灰尘、无垃圾、定置化、区域定位意识	5月1日	6月30日
2.2	关键成果KR2	有效、持续推进6S工作	持续开展每日6S工作检查，以部门为单位每月进行6S工作评比，合理化建议的采纳	5月1日	6月30日

项目运营公司都匀公司总经理李×的O1、O2、O3均源自项目运营公司共性的O2、O3、O4，而O4则是结合自身项目公司的特点，新增的O。都匀公司生产部副经理成××的两个O基本是延续了都匀公司总经理的O2、O3，没有自己创新的O，比较平常。都匀公司企管部经理邓××的O1、O2源自于都匀公司总经理的O1、O4，其O3则来源于项目运营公司共性的O5，创新性差些。都匀公司综合部副经理瞿×的O1、O2就是都匀公司总经理的O3、O4，缺乏自身的有挑战的O。都匀公司设备部工程师吴××的O1（保障设备安全、稳定、优质、节能运行），是结合自身的工作提出的，其O2、O3分别是都匀公司总经理的O4、O3。都匀公司综合部行政主管周×的O1、O2都是围绕着6S，是源自于都匀公司总经理的O3。

7. 人力资源部的OKR

（1）人力资源部经理李××的OKR如表7-24所示。

表7-24 人力资源部经理李××的OKR

业务区	人力资源部	李××	经理	
目标分解	目标及关键成果内容描述	完成标准（可量化/可评价）	时间节点	
			开始	完成
目标一（O1）	构建目标绩效管理体系，导入并确定第二季度OKR			
1.1 关键成果KR1	完成目标绩效管理体系方案及图表单	方案及图表单	4月1日	4月30日
1.2 关键成果KR2	完成2018年第二季度OKR文件设定	培训、组织目标分解过程、形成业务区OKR分解设定文件（分解导图）	4月1日	5月30日
1.3 关键成果KR3	完成OKR激励方案、OKR季度会议	有激励方案，完成OKR季度会议组织实施、完成第二季度OKR回顾、完成第三季度OKR文件设定	5月1日	6月30日

(续)

目标分解		目标及关键成果内容描述	完成标准 (可量化/可评价)	时间节点	
				开始	完成
目标二 (O2)		提高业务区团队能力			
2.1	关键成果 KR1	完成2018年上半年人才盘点(人员能力测评)前期准备	能力评估测评工具选择、优化输出人才盘点PPT模板等资料表格	5月1日	6月30日
2.2	关键成果 KR2	完成业务区重要岗位任职资格体系文件	业务区专业经理以上、项目公司副厂长以上岗位任职资格文件	5月1日	6月30日
2.3	关键成果 KR3	启动员工职业规划工作和双向交流	个人职业发展档案、员工发展路径图、双向交流方案,落实1~2人	5月1日	6月30日
2.4	关键成果 KR4	现有项目人员需求配置方案及关键岗位人员配置到位	方案及关键岗位人员配置到位	5月1日	6月30日
2.5	关键成果 KR5	对接贵工职业技术学院,启动"北控水务订单班"合作洽谈	完成校园宣讲、签订协议、订单班招生报名	4月1日	6月30日
目标三 (O3)		大力推进一线及管理人员培训			
3.1	关键成果 KR1	开展一线岗位培训	迎检管理培训、安全演练培训、设备工艺实操培训	3月1日	5月31日
3.2	关键成果 KR2	开展班组长技能提升培训	班组长技能提升培训计划表	5月1日	6月30日
3.3	关键成果 KR3	拟定"新长征"经理人学历提升班方案	找到至少一家大专院校合作,并初步达成意向	5月1日	6月30日
目标四 (O4)		强化团建及文化氛围、提高人才保留率			
4.1	关键成果 KR1	组织上半年团建活动1次	完成上半年文化活动实施计划方案,有活动图片、部分活动新闻稿	5月1日	6月30日
4.2	关键成果 KR2	完成有竞争力的薪酬标准调整	测算数据、审批完成	5月1日	6月30日

（2）人力资源部主管翟×的OKR如表7-25所示。

表7-25　人力资源部主管翟×的OKR

业务区 目标分解		人力资源部 目标及关键成果内容描述	翟× 完成标准 （可量化/可评价）	主管 时间节点	
				开始	完成
目标一（O1）		构建目标绩效管理体系，导入并确定第二季度OKR			
1.1	关键成果KR1	完成目标绩效管理体系方案及图表单	方案及图表单	4月1日	4月30日
1.2	关键成果KR2	完成2018年第二季度OKR文件设定	培训、组织目标分解过程、形成业务区OKR分解设定文件（分解导图）	4月1日	4月30日
1.3	关键成果KR3	完成OKR激励方案、OKR季度会议	有激励方案，完成OKR季度会议组织实施、完成第二季度OKR回顾、完成第三季度OKR文件设定	5月1日	6月30日
目标二（O2）		提高业务区团队能力			
2.1	关键成果KR1	现有缺编：造价、财务岗位人员配置到位	造价、财务岗位人员配置到位	5月1日	6月30日
2.2	关键成果KR2	对接贵工职业技术学院，启动"北控水务订单班"合作洽谈	完成校园宣讲、签订协议，订单班招生报名	4月1日	6月30日
目标三（O3）		大力推进一线及管理人员培训			
3.1	关键成果KR1	开展一线岗位培训	迎检管理培训、安全演练培训、设备工艺实操培训	3月1日	5月31日
3.2	关键成果KR2	开展班组长技能提升培训	班组长技能提升培训计划表	5月1日	6月30日
3.3	关键成果KR3	拟定"新长征"经理人提升班方案	找到至少一家大专院校合作，并初步达成意向	5月1日	6月30日
目标四（O4）		强化团建及文化氛围、提高人才保留率			
4.1	关键成果KR1	组织上半年团建活动1次	完成上半年文化活动实施计划方案，有活动图片、部分活动新闻稿	5月1日	6月30日

人力资源部经理李××的O1（构建目标绩效管理体系，导入并确定第二季度OKR），来自于总经理的O1的KR1；其O2（提高业务区团队能力），则是根据总经理的O1做了创新，其O3（大力推进一线及管理人员培训）则是来源于总经理的O1的KR2；其O4（强化团建及文化氛围、提高人才保留率）则是人力资源工作中的重要举措，提高人才保留率，可以减少人员流失，降低用工成本。人力资源部主管翟×的O1、O2、O3、O4是对人力资源部经理李××的OKR设置了更加对应的举措，基本是按人力资源部经理的OKR表来细化的。

7.6 总体评价

以集团总部提出的经营业绩目标和管理效率目标，作为目标的导入，经营业绩目标以KPI的指标作为刚性目标，纳入到KPI的绩效考核指标体系，而管理效率目标则是软性的目标，从这两个不同的目标体系中，提炼出OKR的O，**不是所有的目标都能成为O，O是要有挑战的目标，是从没做过的目标**，从而挑出公司层面的五个O，也就是总经理的O，再制定出每个O相应的KR，形成了一个完整的公司顶层OKR的建设。而且从体系上来看，也是形式比较一致的，每个人有4~5个O，每个O有2~4个KR，**同时对每个KR还列出了完成标准**，这是使OKR执行落地的一个很有特色的内容，在KR其实已经量化的基础上，再通过完成标准加以细化，更加有效地衡量和规范KR的效果。

然后通过各部门分解OKR，就将总经理的五个O，分解到不同的部门，再通过各部门的OKR分解，将总经理的每个KR转为下属的O，再结合各自的工作属性，完成各自的 O 和 KR 的设计，形成公司一个整体的 OKR 分布图，再传递到各自的下属如项目经理、工程师这类岗位。从 OKR 制定到层层分解的过程来看，这样是能够分解出完整的链条。

注意，OKR 在导入到企业时，都会涉及两个属性，一个是行业属性，另一个是企业属性。行业属性是不同行业所具有的特性，如 IT、移动互联网这些公司，要求敏捷响应、快速迭代。而企业属性则是整个公司发展历程中，价值观和企业文化的一种表现，不同企业的表现不一样。例如，积极主动、层级管控、严谨细致，等等。这就导致，如果不深入了解这个企业的现状和历史，就无法体会到各部门设定这个 OKR 的难度系数，以及这个值在企业历史发展的过程中，处于什么样的地位，如果前因后果没有关联，就无法知道怎么会产生这个 OKR，意味着什么。可能管理基础比较好的外企、国企以及规范化管理程度比较高的企业，看其他一些传统企业，就会觉得不是很有挑战性。这种情况也很正常，就像是你回头看自己走过的路，看之前写的文章一样，觉得之前的水平都不够，但那也是当时你的最佳状态，这既说明你目前的水平提高了，同时也说明别的企业的管理水平已是这个行业里的高水平，这就是行业属性。

目前绝大多数企业在导入 OKR 时，往往会出现，越是向下分解 OKR，对基层员工的 OKR 质量就越难以把控，一是因为越是基层的员工，越是要把活干好，涉及的越是具体的工作，在 IT、移动互联网等企业，IT 工程师层面的 OKR 也只能是"项目工期提前、新的技术应用、迭代更快"等内容。OKR 在执行中的精彩之处是，作为沟通的工具，OKR 是通过讨论、随时沟通的方式，产生碰撞和火花，然后快速试错，再更新到 OKR 的文档中，而不是写出来再讨论、沟通的。二是因为在企业内部很少能做到在正式会议上"拍砖"，也就是说，各部门汇总上来自下属的 OKR 表后在会上进行评审时，很少有人拍砖，也拍不出高质量的砖，因为在这个层面上，人们都认为各部门负责人应该对本部门提交上来的文件已审核过，别的部门再拍砖，因为不专业，拍不出真东西。往往真的拍砖能拍出料的是那些副总，但这已不是"拍砖"，而是直接评审了。

就本案例而言，所呈现的每个岗位的 OKR，不在这个行业里的人，是不了解这个行业的属性的，因此这里补充下水处理行业是做什么的：污水自理、给水、供水、排水、水务工程建设，还有 PPP 项目等，相对而言是比较传统的市政工程。而贵州业务区又身处大山深处，员工也多以当地人为主。在人文上，具有明显的当地特征，单纯、执着、简单。因此从观念上，还无法一下子就做到对工作、对生活的态度，有了大的转变，一下子就设定出有野心、有挑战性的目标，需要通过导入 OKR 的理念，并在工作中逐步提升。

从整个案例的分解来看，从公司总经理到副总再到部门经理或项目运营公司总经理，直到工程师、专员，越往下级分，OKR 的可挑战性就越低，经理及以下岗位，更多的 OKR 是体现在他们日常的事务性工作上，或直接照搬上级的 OKR，没有体现出 OKR 语境中所说的 3＋2 模式。但同时这种分解又能够体现出非常强的贯穿性，也就是到了基层员工，他们的 OKR 即使是事务性工作，但上下的一致性依然非常强，不会写其他与目标无关的事务性工作。比如 HR，目标中没有出现劳动用工、薪酬核算、绩效考核之类的事务性工作，说明整体的宣贯做到位了。

如何帮助员工设置更有野心、有挑战性的 O 呢？在公司里需要有一位 COO（Chief Okr Office，首席 OKR 官），此人要有较高的职位（副总级），一方面他对 OKR 持非常拥护的态度，作为 OKR 坚定的执行者，遇到有反对 OKR 的声音会直接进行沟通，一次不能说服就再次说服，直到完全说服对方，确保 OKR 在执行过程中的畅通，另一个重要方面是他"要会拍砖"。拍砖是能够直接面对问题，提出观点和主张，要有很强的说服力和影响力，让别人觉得你说得有理。

有些企业会选 HR 来担任这项工作，但在实际应用中，HR 不适合担当此角色，主要是目前 HR 在公司的地位比较尴尬，在业务、研发、产品、运营等部门的人看来，HR不懂业务，这是一大硬伤。不懂业务，就很难实现真正意义上的交流，另外也不能有效拍砖，影响了权威性。所以这个首席OKR官从业务、技术、研发、运营这几个部门来选，会比较合适。这样整个OKR就会有人认真地盯，从制定个人的OKR开始反复拍砖，就能将大家引入到一条快速通道，然后再运用OKR的激励政策，如前面已讲过的物质和精神的奖励，进行持续刺激，就会产生内部的良性竞争和活力。

附　录

附录 A　OKR 考核模板

<table>
<tr><td colspan="2" align="center">OKR 目标与关键结果模板</td></tr>
<tr><td colspan="2" align="center">愿景、使命、战略目标</td></tr>
<tr><td>愿景</td><td></td></tr>
<tr><td>使命</td><td></td></tr>
<tr><td rowspan="3">战略目标
（年度）</td><td>1</td></tr>
<tr><td>2</td></tr>
<tr><td>3</td></tr>
<tr><td colspan="2" align="center">关键结果与期望</td></tr>
</table>

战略目标 1：（目标是否足够有挑战性）

关键结果与期望	衡量关键结果达成的指标（对组织的影响）	战术手段	时间安排	状态评估 0.0 0.5 1.0

好的目标要符合 SMART 原则，目标足够有野心，目标不超过 5 个

附录 B OKR 目标管理评分表

OKR 目标管理评分表（　　　年 第　　季度）					
所属部门：			职务：		
序号	目标（O）	关键结果（KR）	权重	完成情况	得分

附录C OKR目标设定表

单位		部门		职位						完成进度符号标识说明 ● 完成 ○ 未完成 ▲ 暂停调整											
目标分解	目标及关键结果内容描述	完成标准（可量化/可评价）	时间节点		完成情况评分（按权重比例计分）			进度	当前完成情况（周进度）												
			开始	完成	评委评分	业务区评分	领导评分		4月				5月				6月				
									1	2	3	4	5	6	7	8	9	10	11	12	
目标一 (01)																					
1.1	关键结果 KR1							计划进度													
								当前进度													
1.2	关键结果 KR2							计划进度													
								当前进度													
1.3	关键结果 KR3							计划进度													
								当前进度													
目标二 (02)																					
2.1	关键结果 KR1							计划进度													
								当前进度													
2.2	关键结果 KR2							计划进度													
								当前进度													
2.3	关键结果 KR3							计划进度													
								当前进度													
2.4	关键结果 KR4							计划进度													
								当前进度													

(续)

单位		部门		职位								完成进度符号标识说明 ●完成 ○未完成 ▲暂停调整										
目标分解	目标及关键结果内容描述	完成标准（可量化可评价）	时间节点		完成情况评分（按权重比例计分）		进度	当前完成情况（周进度）														
			开始	完成	评委评分	业务区领导评分		4月			5月				6月							
								1	2	3	4	5	6	7	8	9	10	11	12			
2.5 关键结果KR5							计划进度															
							当前进度															
目标三（O3）																						
3.1 关键结果KR1							计划进度															
							当前进度															
3.2 关键结果KR2							计划进度															
							当前进度															
3.3 关键结果KR3							计划进度															
							当前进度															
目标四（O4）																						
4.1 关键结果KR1							计划进度															
							当前进度															
4.2 关键结果KR2							计划进度															
							当前进度															
合计得分																						

附录 D 学习 OKR 进阶表

请参考表 D-1，根据自己的疑问，参考对应的图书进行学习。

表 D-1 学习进阶表

序号	您是否有下面的疑问	《目标与关键成果法：盛行于硅谷创新公司的目标管理方法》	《OKR 你用对了吗？打破 KPI 僵化思维、激活个体的实战指南》
1.	KPI 与 OKR 两者的区别	√	
2.	MBO 与 OKR 两者的共同之处	√	
3.	OKR 的前世今生	√	
4.	OKR 的特点	√	
5.	OKR 的属性	√	
6.	OKR 是如何应用的	√	
7.	OKR 是如何激励的	√	
8.	OKR 是如何设定的	√	
9.	OKR 的周期是怎样循环的	√	
10.	OKR 的设定原则是什么	√	
11.	OKR 适用环境是哪些	√	
12.	如何设置不同职能部门的 OKR	√	
13.	如何有效实施 OKR	√	
14.	OKR 执行中的难点	√	
15.	KPA 与 OKR 两者的区别	√	√
16.	中国案例	√	√
17.	公司推进 OKR，但存在困惑很多		√
18.	O 是如何提炼出来有野心的		√
19.	KR 应该如何设定		√
20.	为什么制定的 OKR 像 KPI		√

(续)

序号	您是否有下面的疑问	《目标与关键成果法：盛行于硅谷创新公司的目标管理方法》	《OKR 你用对了吗？打破 KPI 僵化思维、激活个体的实战指南》
21.	为什么制定的 O 不能聚焦，也不够有远大愿景		√
22.	为什么下属制定的 OKR 更多像日常工作，不具有挑战性		√
23.	如何做到 KR 的持续试错		√
24.	OKR 与绩效考核，是唯一还是兼顾		√
25.	做到激活个体了吗		√

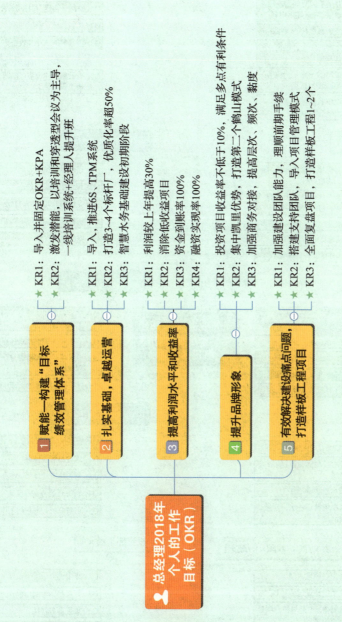

总经理的OKR举例

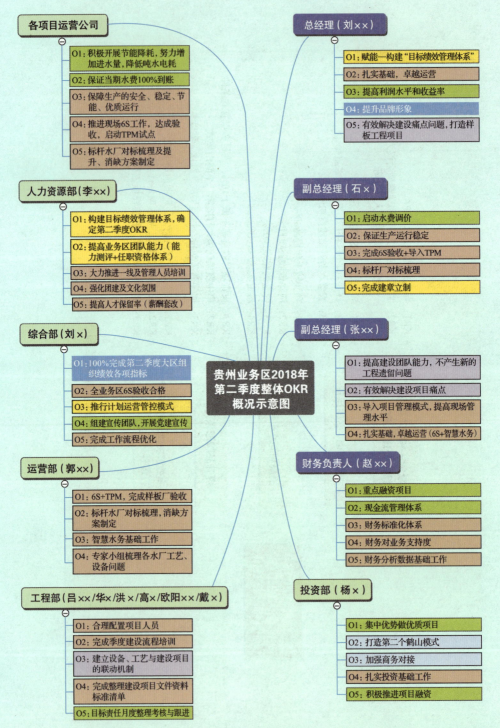

OKR 概况示意图举例